中国文化
知识读本

ZHONGGUO WENHUA ZHISHI DUBEN

金开诚◎主编

何兰香◎编著

中秋节

吉林出版集团有限责任公司
吉林文史出版社

图书在版编目（CIP）数据

中秋节／何兰香编著 . 一长春：吉林出版集团有
限责任公司：吉林文史出版社，2009.12（2022.1 重印）
（中国文化知识读本）
ISBN 978-7-5463-1527-0

Ⅰ . ①中… Ⅱ . ①何… Ⅲ . ①节日－风俗习惯－中国
Ⅳ . ① K892.1

中国版本图书馆 CIP 数据核字（2009）第 222500 号

中秋节

ZHONGQIUJIE

主编／ 金开诚 编著／何兰香

项目负责／崔博华 责任编辑／曹恒 于涉

责任校对／樊庆辉 装帧设计／曹恒

出版发行/吉林文史出版社　吉林出版集团有限责任公司

地址/长春市人民大街4646号　邮编/130021

电话/0431-86037503　传真/0431-86037589

印刷／三河市金兆印刷装订有限公司

版次/2009 年 12 月第 1 版　2022 年 1 月第 19 次印刷

开本/650mm×960mm　1/16

印张/8　字数/30千

书号/ISBN 978-7-5463-1527-0

定价/34.80元

关于《中国文化知识读本》

　　文化是一种社会现象，是人类物质文明和精神文明有机融合的产物；同时又是一种历史现象，是社会的历史沉积。当今世界，随着经济全球化进程的加快，人们也越来越重视本民族的文化。我们只有加强对本民族文化的继承和创新，才能更好地弘扬民族精神，增强民族凝聚力。历史经验告诉我们，任何一个民族要想屹立于世界民族之林，必须具有自尊、自信、自强的民族意识。文化是维系一个民族生存和发展的强大动力。一个民族的存在依赖文化，文化的解体就是一个民族的消亡。

　　随着我国综合国力的日益强大，广大民众对重塑民族自尊心和自豪感的愿望日益迫切。作为民族大家庭中的一员，将源远流长、博大精深的中国文化继承并传播给广大群众，特别是青年一代，是我们出版人义不容辞的责任。

　　《中国文化知识读本》是由吉林出版集团有限责任公司和吉林文史出版社组织国内知名专家学者编写的一套旨在传播中华五千年优秀传统文化，提高全民文化修养的大型知识读本。该书在深入挖掘和整理中华优秀传统文化成果的同时，结合社会发展，注入了时代精神。书中优美生动的文字、简明通俗的语言、图文并茂的形式，把中国文化中的物态文化、制度文化、行为文化、精神文化等知识要点全面展示给读者。点点滴滴的文化知识仿佛繁星，组成了灿烂辉煌的中国文化的天穹。

　　希望本书能为弘扬中华五千年优秀传统文化、增强各民族团结、构建社会主义和谐社会尽一份绵薄之力，也坚信我们的中华民族一定能够早日实现伟大复兴！

【目录】

一月到中秋分外圆——

中秋节的来历

"中秋"一词，最早见于《周礼》。魏晋时有"谕尚书镇牛渚，中秋夕与左右微服泛江。"的记载。到唐朝初年，中秋节成了一个固定的节日。《唐书·太宗记》记载有"八月十五中秋节"。在宋朝至明清时，中秋已与元旦齐名，在民间广泛盛行。

　　秋季为农历七、八、九三个月，八月十五正值三秋之半，所以被称为中秋节。古人也有仲秋节的叫法，古代以伯、仲、叔、季表示排行，仲就是排行第二的意思，仲秋即七、八、九三个月中的第二个月，所以仲秋节就相当于八月节，现在南方仍有一些地方叫中秋节为八月节。另外，中秋节的主要活动都是围绕月亮进行的，所

"中秋"一词最早见于《周礼》

以又俗称月节、月夕、追月节、玩月节、拜月节、端正月。又因其有祈求团圆的信仰和相关的节俗活动，故又称团圆节、女儿节。

关于中秋的由来，比较流行的说法有两种：一说是起源于我国古代为庆祝秋季丰收对土地神的祭祀活动，一说是源于对月亮神的崇拜。这两种说法都各有道理，都和中秋的部分习俗有关系。第一种说法是因为我国古代是一个以农业为主的大国，季节对农业有很大影响。因此古人往往敬拜土地神以求风调雨顺，年年好景。播种时拜土地神来祈求丰收，这是春祈，

中秋祭祀土地神是为了答谢土地神的保佑

八月中旬谷物成熟，收获在即，此时祭拜土地神是为了答谢土地神的保佑，叫秋报。这就是古籍中记载的春天祭日、秋天祭月的礼制。围绕着秋报的一系列活动逐渐演变成了现在中秋节的风俗。第二种说法认为源于古代祭月拜月的习俗，《礼记》中就载有："天子秋朝日，秋夕月。朝日以朝，夕月以夕。"说的是天子在春天早上祭拜太阳，在秋天晚上祭拜月亮。祭月是历代帝王相传的礼俗，而八月十五这天，月球距地球最近，月亮最大最圆也最亮，恬静圆润的月色让人们充满向往和遐想，最适合祭拜月亮，因此便有了中秋节。

二　瑰奇的想象　美好的祝愿——中秋节的传说

在某种程度上，可以说中秋节是个关于月亮的节日，这个节日的主要风俗都和月亮有关：拜月、赏月、吃月饼及由月圆引起的亲友团聚的风俗。在科学技术发达的今天，虽然祭拜月亮的风俗已经消失，但是关于月亮的神话传说却一代一代流传不息。

（一）嫦娥奔月

相传在远古的时候，天上有十个太阳，每天轮流照射大地。这十个太阳都很顽皮，有一阵它们十个每天都一起出来，直烤得大地冒烟，海水干涸，使得百姓无法再生活下去。

嫦娥奔月雕塑

这时有个叫后羿的英雄，用一个一万斤的弓箭一口气射下了九个太阳，最后一个太阳连连求饶，后羿才放过了它。

后羿有一个美丽善良的妻子，叫嫦娥，和后羿是一对人人羡慕的恩爱夫妻。有一天后羿在打猎途中遇见王母娘娘，王母娘娘知道他是射日的英雄，就送给他一包长生不老药，说吃了这药就可以成为神仙。但是后羿舍不得妻子嫦娥，就把这包药交给嫦娥保管。不料这件事却不小心被后羿的徒弟蓬蒙知道了，于是有一天他趁着后羿不在就威逼嫦娥交出这包长生不老药，嫦娥知道自己不是蓬蒙的对手，情急之下她一口把这包药吞了下去。嫦娥吞下药后，身子立时飘离地面、冲出窗口，向天上飞去，到了天上，在哪落下好呢，她看着月亮离地面最近，就在月亮上住下了。后羿回到家后，侍女向他哭诉了白天的事，后羿十分愤怒，四处找蓬蒙要杀了他，可是蓬蒙早逃走了。悲痛欲绝的后羿，仰望着夜空呼唤着妻子的名字。这时他惊奇地发现，今天的月亮格外皎洁明亮，而且上面有个晃动的人影很像嫦娥，后羿想起嫦娥还没有吃饭就上天了，就叫人在院子里放了一张桌子，上面摆着嫦娥爱吃的甜饼、水果，遥祭在月宫里同样思念着自己的

后羿射日

嫦娥。老乡们得知嫦娥成仙上了月亮，也都很怀念她，于是也都在这一天给她上供。从此，中秋节拜月的风俗在民间传开了。

这个嫦娥奔月的故事是在古文献关于嫦娥的记载之上做了一些加工和美化，从正面歌颂了嫦娥，使嫦娥的形象与月同美，这符合人们对美的追求。

与现代广为流传的"嫦娥奔月"所不同的是，《全上古文》辑《灵宪》记载了"嫦娥化蟾"的故事："嫦娥，羿妻也，窃王母不死药服之，奔月。将往，枚占于有黄。有黄占之：曰：'吉，翩

嫦娥奔月的故事在民间广为流传

中秋月圆夜

翩归妹，独将西行，逢天晦芒，毋惊毋恐，后且大昌。'嫦娥遂托身于月，是为蟾蜍（即癞蛤蟆）。"嫦娥变成蟾蜍后，在月宫中终日被罚捣不死药，过着寂寞清苦的生活，李商隐曾有诗感叹嫦娥："嫦娥应悔偷灵药，碧海青天夜夜心。"那么，美丽的嫦娥为什么会变成蟾蜍的形象呢？这是因为，在古代神话里，人兽一体或是人兽互变是常见的现象。在今天人们的眼中，蟾蜍是很丑陋的动物，但是在古代却有对蛤蟆的崇拜。据科学家推断可能是因为蛤蟆是第一个既能在水中又能在陆地上生存的动物，并且蛤蟆的肚子很大，生殖能力很强，所以也可以看成是对生殖力的崇拜。另外，古人还认为蟾蜍是一种长寿的动物。据《太平御览》记载，蟾蜍的寿命可达三千岁。如此长寿且生殖力很强的母性动物，与中国文化中属阴性的月亮可谓一拍即合，所以才有嫦娥奔月之后化身为蟾蜍的神话故事。现在依然有人用月精来指代嫦娥，用蟾宫来指代月亮。

（二）吴刚折桂

抬头仰望明月，可见当中有些黑影，在我国传说中这就是吴刚在伐桂。这个神话故事流传于唐代：相传月亮上的广寒宫前的桂树生长繁茂，有五百多丈高，下边

黄山赏月

月饼模型

有一个人拿着斧子在砍伐它，但是每次砍下去之后，被砍的地方又立即神奇地愈合了。几千年来，就这样随砍随合，这棵桂树永远也不能被砍倒。据说这个砍树的人名叫吴刚，是汉朝西河人，曾跟随仙人修道，到了天界，后来因犯错误被仙人贬谪到月宫，日日做这种徒劳无功的苦差事，以示惩处。李白有诗"欲斫月中桂，持为寒者薪"。

为什么在嫦娥身边要安排一个吴刚，并且砍伐的是桂树而不是别的什么树呢？这是因为中国古代文化讲究的是美满、团圆、和谐，热热闹闹的大团圆式结局合乎

大众对美好、幸福生活的心理期望。在老百姓看来，嫦娥一个人在月宫中生活难免冷清、孤寂，所以在月宫里再出现一个与之做伴的男性也是情理之中的事。选择桂树是因为桂树以其寿命长、形象美好、寓意吉祥，一直是古人心中神圣华贵的树。比如楚国人就习惯用桂酒、桂枝来祭拜先祖和神灵。屈原的《九歌》中多次提到"桂"字，以此来象征自己高洁的品性。另外，"桂"与"贵"同音，桂树便有了高贵、富贵的意味，古人庆贺科举中第就有"攀桂"'折桂'的说法，而在我国的庭院布局中，也讲究"两桂当庭""双桂留芳"，

嫦娥塑像

即在自家庭院中种植两棵美观芳香的桂树，表达自己对吉祥富贵的美好期待。

（三）玉兔捣药

传说月宫中除了嫦娥和吴刚，还有一只洁白可爱的玉兔与嫦娥为伴，日夜不离。关于玉兔的传说有两种说法比较流行。

第一种说法：相传有三位神仙为了找出谁是最善良的动物，变身成了三个可怜的老人，向狐狸、猴子、兔子祈求食物，狐狸与猴子都拿出了自己的食物送给老人，可是兔子没有食物可以相送，于是它说："我没有什么东西可以送给你们吃，只有我自己，你们就吃我的肉吧！"说完就跳入火中，将自己烧熟，三位神仙大受感动，就把兔子送到了月宫，成了玉兔，陪伴嫦娥。并捣制长生不老药。

第二种说法：据说很久以前，有一对修行千年的兔子，得道成了仙。他们有四个可爱的女儿，个个生得纯白伶俐。一天，玉皇大帝召见雄兔上天宫，他恋恋不舍地离开妻儿，踏着云彩来到了天宫。当他来到南天门时，正好看见天将押着嫦娥从身边经过。雄兔不知道发生了什么事，就向旁边看守天门的天神打听。天神就向雄兔讲了嫦娥如何为了保护长生不老药不被抢走而不得以自己吞吃的事情，兔仙觉得如此心地善良的嫦娥却要在月宫中忍受寂寞，很同情她，心想嫦娥要是有人陪伴就好了，这时他想到了自己的四个女儿，立即飞奔回家。到家后雄兔把嫦娥的遭遇告诉了雌兔，并说想送一个孩子去和嫦娥做伴。雌兔也对嫦娥深感同情，虽然舍不得自己的孩子，但是经过再三考虑还是决定送一个女儿去给嫦娥做伴。孩子们也都理解父母的心，都表示愿意去。最后雄兔和雌兔眼含着泪把最小的女儿送去了月宫。小白兔到了月宫后，成了玉兔，日夜陪伴着嫦娥，并捣制长生不老药。

据史学家考据，月中有玉兔的说法是在汉代晚期才出现的。在临沂、南阳、

玉兔捣药铜镜

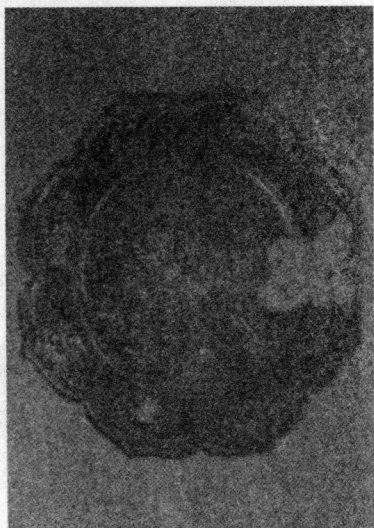

陕北等地出土的西汉末年和东汉的墓地画像石上都有玉兔捣药的图像。但在当时这些玉兔并不是出现在嫦娥的身边，而是西王母的随从。西王母是秦汉时期备受崇拜的神仙，主要掌管长寿和仙药，玉兔就是负责为她捣药的。后来人们把这个神话故事移植到月亮神话中，月宫中才同时有了蟾蜍和玉兔。在汉代这种说法还不是很流行，到了晋代，有关玉兔在月宫捣药的记载才逐渐多了起来。比如晋代的傅成就在其诗歌《拟天问》中说道："月中何有？白兔捣药。"唐代以后这种说法就更加普遍了，杜甫诗

玉兔捣药铜镜

中就有"以此瞻白兔,直欲数秋毫。"
在民间,人们也把玉兔当做神物来崇拜,
并称之为"兔儿爷"。不过,尽管出现
了玉兔,从汉代到唐代,蟾蜍作为嫦娥
的化身仍然在月亮神话中占据主导地位。
明清以后民间流传较多的说法则认为是
蟾蜍变身成了玉兔,这是因为蟾蜍丑陋,
玉兔可爱,从形象方面来看,用玉兔来
取代蟾蜍而成为嫦娥的化身也符合人们
的审美观点,符合情理。

(四)唐玄宗游月宫

在唐朝,最富有传奇色彩的传说要数
唐玄宗游夜宫了。相传唐玄宗在中秋之夜
赏月时被皎洁的月色吸引,大发感慨想到

唐玄宗游月宫

月宫一游。巧的是这夜唐玄宗竟然真的在梦中来到了月亮之上。他看到月宫上方悬挂着一块巨幅牌匾，上面写着"广寒清虚之府"六个大字，有数百名仙女伴着婉转动人的音乐翩翩起舞，唐玄宗素来熟通音律，于是默记在心中。这正可谓"此曲只应天上有，人间哪得几回闻！"梦醒后唐玄宗念念不忘梦见的一切，根据自己所记忆的音谱，编成了历史上有名的"霓裳羽衣曲"。此后每年八月十五，都要摆上各种点心及水果，拜月、赏月、观赏宫女表演的优美舞蹈。这一风气后来传至全国各地，逐渐盛行起来，中秋节至此也成为了与春节、端午节齐名的一个固定节日。

三天上月圆 人间饼圆——中秋食俗

月饼因象征团圆而成为中秋节的代表

对于中国人来说，中秋节可以没有别的活动，但不能不吃月饼。月饼，又叫胡饼、宫饼、月团、丰收饼、团圆饼等，是古代中秋祭拜月的供品，可以说月饼以其象征团圆的文化内涵成为了中秋节的代表。那么中秋节吃月饼的习俗是怎么来的呢？先让我们来看看有关月饼的几个传说故事。

传说一：朱元璋与月饼

中秋节吃月饼的习俗相传始于元代。当时元朝统治阶级残暴昏庸，广大人民不堪重负，于是纷纷揭竿而起。朱元璋因为有勇有谋，很快被推举为起义军的首领。可是当时朝廷官兵搜查得很严，传递消息十分困难。军师刘伯温足智多谋，想出了一条良计，朱元璋采纳了他的计策，在八月十五的前几天，下令属下把藏有"八月十五夜起义"的纸条藏入饼中，然后到处散布流言，说有冬瘟流行，家家户户只有在中秋节买月饼来吃，才能避灾。人们买了月饼回到家后，发现里面藏着小纸条，上面写着中秋夜时起义迎义军。到了起义的那天，众人纷纷响应，起义军如星火燎原，很快就攻下元大都，捷报传来，朱元璋非常高兴，连忙传下口谕，把月饼作为中秋节的节令糕点来赏赐众

中秋节不能少了月饼

人。从此以后，中秋节吃月饼的习俗便在民间流传开了。

这个传说在无锡演变为：蒙古灭宋以后，统治阶级残暴，人民深受压迫，时刻都想起来推翻统治者。有一年，大家约好中秋之夜动手。为了祈求胜利，人们约好在这天早上吃红烧芋头，象征着暴君人头落地，这就是现在无锡地区中秋节吃糖芋头的来历。

潮汕各地每至中秋，则以芋头来祭奠祖先，据说也与此有关。当时元朝统治者规定每户潮汕人家都要驻守一个蒙兵，受汉人供养，监视汉人的言行。老百姓痛恨

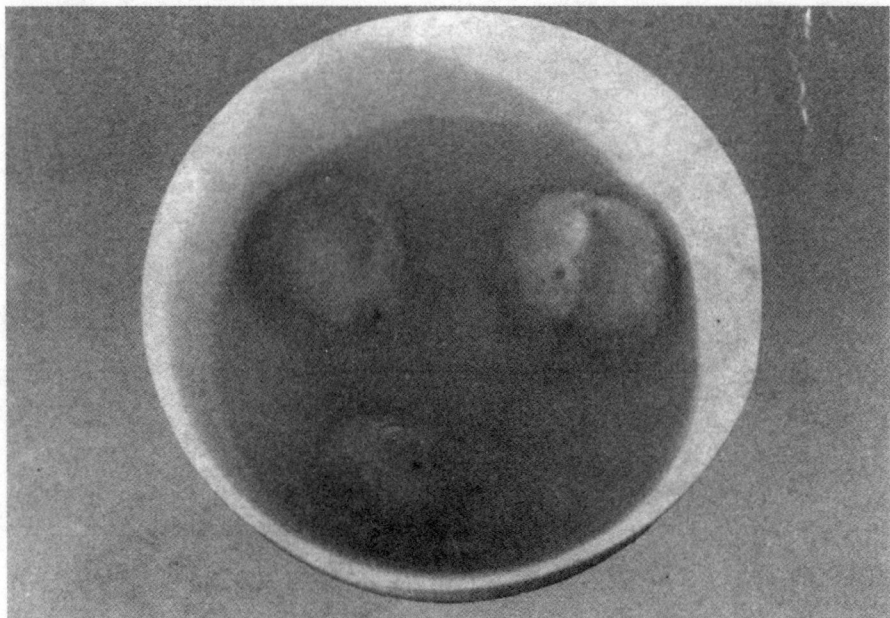

广东等地有中秋节吃芋头的习俗

统治者，便趁着中秋节把约定起义的纸条放在芋头里。潮人看芋头形似人头，所以中秋吃芋头的习俗便历代相传至今。

广东各地也有中秋节吃芋头的习俗，据说是为纪念元末起义的历史故事。中秋节起义后，便用统治者的头来祭拜月神，后来改用芋头来代替。

传说二：唐高祖与月饼

相传唐高祖年间，大将军李靖英勇善战，率领部下成功地征讨了匈奴，唐高祖十分高兴，在八月十五这天为他大摆庆功宴。宴席之上有一种饼是一个吐鲁番的商人进贡的，众人都夸赞很好吃，唐高祖看

着手中的饼和天上圆圆的月亮很像，就说"应将胡饼邀蟾蜍"。从此以后，这种好吃的饼就在京城流传开来，每到八月十五人们都会边吃胡饼边赏月，后来胡饼又改名叫做"月饼"。

传说三：杨贵妃与月饼

据史料记载，早在三千多年前的殷周时期，江浙地区就有纪念太师闻仲的"太师饼"，有人认为这是我国月饼的原型。汉代张骞出使西域时，带回了芝麻和胡桃，于是人们就用胡（核）桃仁做馅，做成了一种圆形饼，叫做胡饼。唐代民间已有专门的糕饼铺，据说有一年的八月十五，唐

月饼因地域差异而有不同叫法

玄宗和杨贵妃一边赏月一边吃胡饼，唐玄宗觉得胡饼这个名字不好听，就让杨贵妃给起个好听的名字，杨贵妃看着天上皎洁的明月，顺口说道："这个饼圆圆的很像天上的月亮，不如就叫月饼怎样？"唐玄宗连连赞好，从此胡饼就改名叫月饼了。

上面这几个传说故事是百姓对月饼来历的解释，并没有确切的史料证明。那么月饼到底是怎样产生的呢？

月饼的原型是民间一种常见的饼。饼在我国古代是所有面食的统称，包括蒸、煮、烤、烙、炸的各种形状的面食，后来才专指蒸或烤的扁圆形面食。饼在古代是很平常的食物，春秋战国时就有了对饼的记载。《墨子·耕柱》中说，有一个人家里很富裕，却"见人之做饼，则还然窃之。"意思是说这个人见到别人家做饼就偷来吃，一个人家境富裕却去偷窃，墨子对其的解释是：这个人有偷盗的习惯。可见饼在当时并不是稀罕食品，而是寻常百姓都能吃得起的。西汉史游的《急救篇》中提到了"饼"和"饵"，唐代颜师古对这两个字做了这样的解释："溲面而蒸熟之则为饼，溲米而蒸熟之则为饵。"意思就是说将面和上水蒸熟了就是饼，把米加上水蒸熟了就是饵，也就是米饭，把饼和米饭相提并论可见两者同样是较为普遍的主食。

月饼的原型是民间一种常见的饼

天上月圆 人间饼圆——中秋食俗

东汉时，饼的种类大大增加。《释名·释饮食》中提到了七种饼：胡饼、蒸饼、蝎饼、汤饼、髓饼、索饼、金饼，其中胡饼我们在前面已经提到过，这种饼是把胡麻（芝麻）和胡桃（核桃）仁放在饼上烤熟，在当时很受欢迎。为什么这种好吃的饼叫胡饼呢？原因可能有二：一是因为人们在饼上加了胡麻和胡桃仁；二是因为这些配料是由胡人传到中原的，因此以来源来命名。胡饼在月饼的起源上很重要，因为汉代以前并没有关于饼的种类的记载，而《释名》介绍的胡饼在外形和配料上与月饼有一定的相似，可以看做是月饼的雏形。

中秋节吃月饼的习俗相传始于元代

隋唐时期，饼的种类更加多样化了，胡饼在做法上也有了一些改进。人们开始把羊肉等做成馅放在胡饼中烤熟食用。白居易在《寄胡饼与杨万州》中写道："胡麻饼样学京师，面脆油香新出炉。"在唐代，饼肆（专门卖面食的店铺）很普遍，其中以卖胡饼的最多。

唐代时中秋节已经初步形成了，开始只是较富裕的家庭在八月十五这天亲友齐聚、饮酒赋诗、赏月谈天，中唐以后这种风俗才在全社会普遍流传开来，但

随着生产技艺的提高，月饼的做工也更加精细

此时月饼还没有成为具有特殊意义的节令食品。

宋代的饼类做工更加精致，种类也更加丰富。北宋的黄朝英在《靖康缃素杂记》中把饼分为烧饼、汤饼和笼饼三类。烧饼是用火烤烙的面食，汤饼是用水煮熟的面食，如面条，笼饼是蒸熟的面食，比如馒头。这是根据烹制方法来划分的。此外，值得一提的是，南宋周密在《武林旧事》这本记录南宋都城临安的地域风俗的书中，在"蒸作从食"中提到了月饼，记载如下：

子母茧　春茧　大包子　荷叶饼　芙蓉饼　寿带龟　子母龟　欢喜　捻尖　䭔

花　小蒸作

　　骆驼蹄　大学馒头　羊肉馒头　细馅糖馅　豆沙馅　蜜辣馅　生馅　饭馅　酸馅　笋肉馅

　　麸馅　枣栗馅　薄皮　蟹黄　灌浆卧炉　鹅顶　枣　仙桃　乳饼　菜饼　秤锤蒸饼　睡蒸饼

　　千层　鸡头篮儿　鹅弹　月饼　炙焦肉油酥　烧饼　火棒　小蜜食　金花饼市罗蜜剂饼

　　春饼　胡饼　韭饼　诸色子　诸色包子　诸色角儿　诸色果食　诸色从食

　　据推断这些都应该是面食，这里把月饼单独列出作为一种蒸的面食，但是并

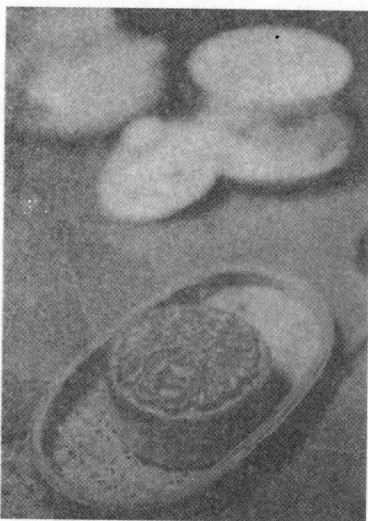

月饼最初也称"胡饼"

中秋时人们都以月饼作为礼物
互赠亲友

没有把月饼和中秋联系在一起，也没有做任何说明，可见当时的月饼只是众多面食中普通的一种，也还没有成为节令食品。

元代的饼类与宋代并无大的不同，只是在名称上稍有改动。胡饼改称为了烧饼，是一种烤或烙熟的面食。此前提到的带有胡麻和胡桃仁的胡饼此时叫做芝麻烧饼和胡桃仁烧饼。元代的文献中并没有提到过中秋月饼，比如熊梦祥在《析津志》这本专门介绍地区风俗的书中，提到了中秋的赏月、饮酒、食瓜果，却没有提及月饼。

据说明代时开始有了月饼的
文字记载

明代时开始有了关于月饼的文字记载。沈榜在其《苑署杂记·民风》中记录了明代北京中秋制作月饼的盛况，其中对于"八月馈月饼"的风俗，作者作了这样的描述："士庶家俱以是月造面饼相遗，大小不等，呼为月饼。市肆至以果为馅，巧名异状，有一饼值数百钱者。"意思就是说不管是官员还是寻常百姓，在八月都要做饼互相赠送。也有店铺把果仁果脯做成馅放到饼里出售，样式很多，有的还卖得很贵。田汝成在《西湖游览志余·熙朝乐事》中阐述的更为明确一些："八月十五日谓之中秋，民间以月饼相遗，取团

如今，月饼已成为中秋节的节令食品

圆之义。是夕，人家有赏月之宴。"可见此时月饼已经成为中秋节的节令食品，它因象征着团圆、美满而深受人们青睐。《明宫史》是明朝的一位太监写的，其中写道："自初一日起，即有卖月饼者。加以西瓜、藕，互相馈送……至十五日，家家供月饼瓜果，候月上焚香后，即大肆饮啖，多竞夜始散席者。如有剩月饼，仍整收于干燥风凉之处，至岁暮合家分用之，曰'团圆饼'也。"这段文字记述的与前面不同的是谈到了中秋之夜家家户户把月饼当做供品来祭拜月亮，剩下的月饼放在通风干燥处，留着年底来

月到中秋分外圆

食用。刘侗、于奕正所著的《帝京景物略》中有对中秋节的完整而详细的记载："八月十五日祭月，其祭果饼必圆；分瓜必牙错瓣刻之如莲花。纸肆市月光纸，绩满月像；趺坐莲花者，月光遍照菩萨也。华下月轮桂殿，有兔杵而人立，捣药臼中。纸小者三寸，大者丈，致工者金碧缤纷。家设月光位，于月所出方向供而拜，则焚月光纸，撤所供，散家之人必遍。月饼月果，戚属馈相报，饼有径二尺者。女归宁，是日必返其夫家，曰团圆节也。"这段文字的意思是八月十五这天，人们用圆圆的月饼和瓜果祭拜月神，西瓜要切成如莲花瓣一样的交错形状，从卖纸的店铺中买来的月光纸上有月亮和月光下盘腿坐在莲花上的菩萨的图像。月光下有桂树、宫殿和一只像人一样站立着捣药的兔子。月光纸有大有小，做工很精致。家家户户都设拜月的牌位，月亮升起后向着月出的方向拜祭，焚烧月光纸，然后撤下供品分给家人食用。亲戚之间互相赠送月饼和瓜果，有的月饼直径可达二尺。回娘家的已婚妇女，在中秋节这天也都要回到夫家，叫做团圆节。

这段文字所描写的中秋节很完整、详尽，主要记述了明朝时中秋节的几大习俗，

每逢中秋，人们会选择上好的月饼和瓜果作为祭月供品

包括家人团聚、拜月光神、分供品、亲友互赠礼物，这和我们现在的中秋节习俗已经相当接近。那么为什么月饼会出现在明代并且被赋予了团圆之意呢？这是因为明代的中秋习俗与以往不同的是更重视拜月和团聚，此时正值丰收时节，人们用上好的瓜果和新粮做的面食来作为拜月的供品，中秋祭的是圆月，人们很自然地选择与圆月外形相仿的圆形食品来作为供品，也就是前面提到的"其祭果饼必圆"，因此外形圆圆味道甜美的月饼顺理成章地成了供品的首选。随着饼肆的增多，月饼的

到了清代，中秋吃月饼已成为一种普遍的习俗

花样也越来越多。有的还在月饼表面印上嫦娥、月兔、桂树等图案，这样月饼不管是在做工还是在寓意上都有别于其他日常的面食，而成为了中秋节特制的节令食品了。

清代，中秋吃月饼已成为一种普遍的风俗，且做工更巧，花样更多。清代诗人袁景澜有一首颇长的《咏月饼诗》，其中有"入厨光夺霜，蒸釜气流液。揉搓细面尘，点缀胭脂迹。戚里相馈遗，节物无容忽……儿女坐团圆，杯盘散狼藉"等句，从月饼的制作、亲友间互赠月饼到设家宴及赏月，都做了详细的叙述。袁枚也在《随园食单》中介绍道:"酥皮月饼,以松仁、核桃仁、瓜子仁和冰糖、猪油作馅,食之不觉甜而香松柔腻,迥异寻常。这时的月饼和我们今天食用的月饼应该说相差无几了。现在中秋拜月的习俗基本消失了,而吃月饼已经成为中秋节的主要食俗。

如今,月饼的品种异彩纷呈。我国月饼品种繁多,按地域可分为京式月饼、广式月饼、苏式月饼、滇式月饼、潮式月饼、徽式月饼、衢式月饼、秦式月饼、港式月饼、台式月饼、日式月饼等,从馅料可分为五仁月饼、豆沙月饼、枣泥

如今月饼的品种已是异彩纷呈

天上月圆 人间饼圆——中秋食俗

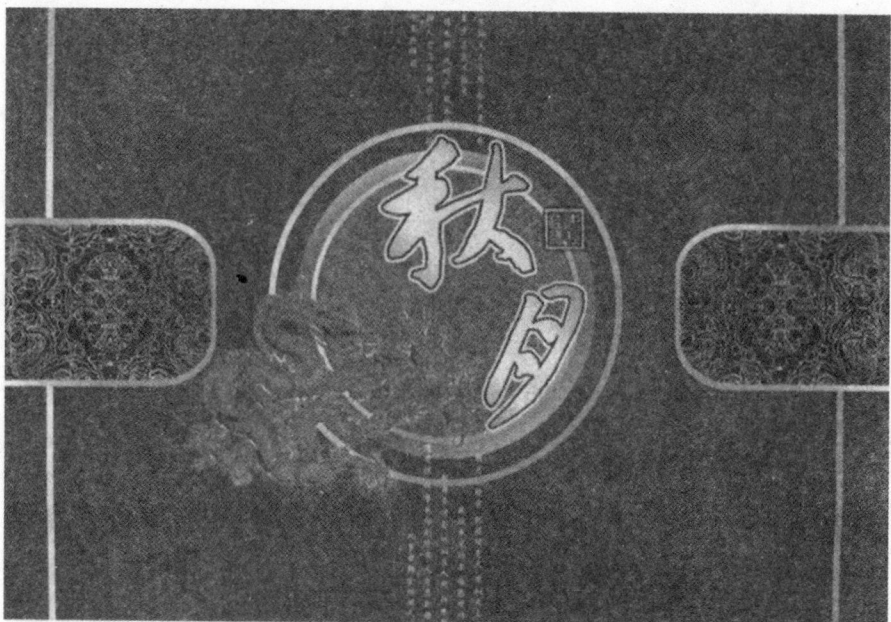

造型美观的月饼包装

月饼、芝麻月饼、椰蓉月饼、冰糖月饼、桂花月饼、梅干月饼、火腿月饼、蛋黄月饼、肉馅月饼等，按饼皮分，则有浆皮、混糖皮、酥皮、奶油皮，就口味而言有甜味、成味、成甜味和麻辣味。这里按产地来介绍几类月饼的特点：

广式月饼：广式月饼用料考究、工艺精细、制作严谨，其皮薄柔软，色泽金黄，图案花纹玲珑浮凸，造型美观，馅大油润，馅料多样，甘香可口，在全国各类月饼中名气最大。它原产于广州及周边地区，目前已流行于全国各地。广式月饼的皮、馅之比通常为 2：8，用料重油重糖，香甜而不腻；在口味上有

赏月时饮茶是必不可少的

月饼的品种丰富多样

天上月圆 人间饼圆——中秋食俗

甜味和咸味之分，甜味月饼以椰丝、莲蓉、五仁、钱橘等为馅料，咸味月饼以腊肠、腊肉、烧鸡、火腿为馅料。现在广式月饼中比较有名的是广州莲香楼月饼、广州酒家的白莲蓉月饼，以及江门的丽宫陈皮月饼。

京式月饼：京式月饼起源于京津及周边地区，以北京市生产的月饼为代表。京式月饼在用料和口味上具有北方风格，并吸收了宫廷膳食的一些做法。它的主要特点是外形精美，口感香脆酥松，层次分明，风味诱人。其皮馅比一般为4：6，属于硬皮类月饼，不同馅料的月饼有不同的风

精致的月饼包装

稻香村的月饼非常受欢迎

味。传统京式月饼的主要品种有自来红月饼、自来白月饼、五仁月饼、提浆月饼、翻毛月饼等。现在北京所产月饼以稻香村的最受群众欢迎。

苏式月饼：苏式月饼原产于上海、江浙及周边地区，历史悠久，工艺精湛。其主要特点是饼皮酥软白净，馅料香甜爽口，层酥相叠，重油而不腻。苏式月饼中最受欢迎的品种有清水玫瑰月饼、水晶白果月饼、鲜肉月饼、火腿月饼、猪油细沙月饼等。

滇式月饼：滇式月饼主要起源并流行于云南、贵州及周边地区，目前也逐渐受到其他地区消费者的喜欢。滇式月饼在用料、口感、外观上与广式、苏式月饼差异

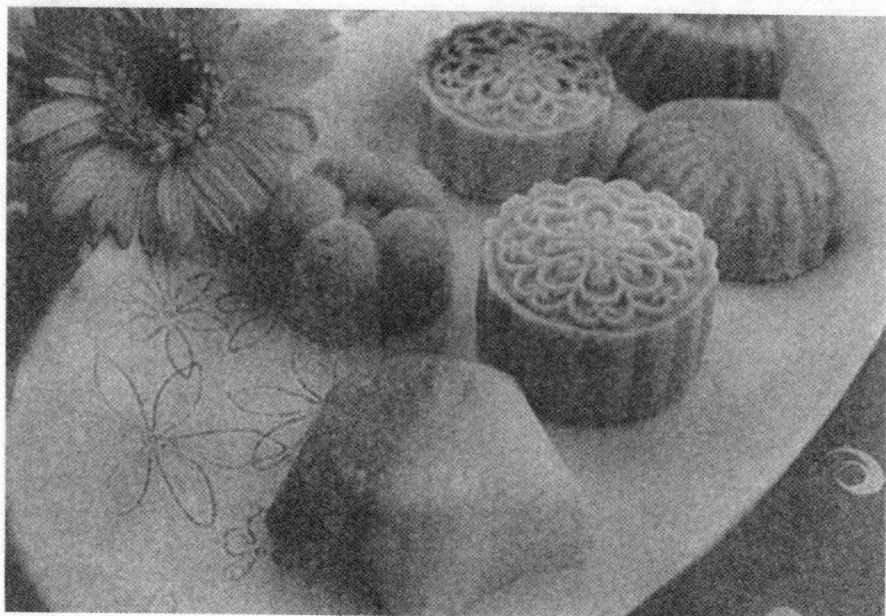

徽式月饼

较大。其主要特点在于馅料采用了滇式火腿，香味浓郁，又甜中带咸，甜咸适中、有独特的滇式火腿香味。其饼皮有一层金黄或者棕红色的硬皮，由猪油、面粉、蜂蜜配制而成。著名品牌有昆明吉庆祥生产的云腿月饼。

衢式月饼：衢式月饼是浙江省衢州市的地方特色月饼，其特点是以芝麻为主要原料，酥香可口。因此衢式月饼也被称为"衢州麻饼"。衢式月饼的代表有"杜泽桂花月饼"和中华百年老字号"邵永丰麻饼"。

徽式月饼：徽式月饼的表皮是用上等面粉和素油搅拌加工而成的油酥皮，饼馅是由经过腌制加工的野菜（苦板菜），拌以新鲜猪板油和白糖制成。徽式月饼中最有名的是"梅干月饼"。

港式月饼：港式月饼是原产于中国香港的月饼。其特点是馅料精致，口味素淡，强调低糖、低脂、低油。港式月饼注重品种研发、口味创新以及包装的精美。港式月饼的著名品牌有荣华、美心、恒香、大班和老字号莲香楼、圣安娜。

台式月饼：台式月饼是台湾省生产，具有台湾地方风味的月饼。其特点是少糖少油，松软爽口不油腻。台式月饼的一大特色是酥皮层次分明，切开后像莲花一样

港式月饼

层层绽开，口感绵柔。台式月饼花式很多，其中以蛋黄酥最负盛名。

上面提到的月饼基本上属于传统类型，随着大众口味的不断提高，新款式的月饼也层出不穷。如冰激凌月饼、冰皮月饼、椰奶月饼、果蔬月饼、海味月饼、纳凉月饼、茶叶月饼、象形月饼等。

冰激凌月饼：冰激凌月饼虽然名叫月饼，但却完全由冰激凌制成，只是外形与月饼相似罢了。

果蔬月饼：果蔬月饼的馅料主要由哈密瓜、凤梨、荔枝、草莓、冬瓜、芋头、乌梅、橙等果蔬制成，馅心滑软，风味各异，清新爽甜。

椰奶月饼：椰奶月饼的馅料由新鲜的椰汁、淡奶及瓜果制成，低糖低油，入口清甜，椰味浓郁，齿颊留香，有清润、健胃、美颜的功效。

海味月饼：海味月饼是比较名贵的月饼，馅料可用鲍鱼、鱼翅、紫菜、鳐柱等，微带咸鲜，甘香可口。

茶叶月饼：又称新茶道月饼，是以新摘绿茶为主要馅料，口感清淡微香。其中的茶蓉月饼以乌龙茶汁拌莲蓉为馅，独具匠心。

纳凉月饼：纳凉月饼是在月饼馅中加

节日焰火

天上月圆 人间饼圆——中秋食俗

水果月饼

入百合、绿豆、茶水等精制而成，有清润、美颜之功效。

象形月饼：过去叫做猪仔饼，馅料较硬，外形为动物，花草等儿童喜爱之物，是孩子们的新宠。

中秋节还有一些地方性饮食，如在东南沿海有吃糖芋艿的。传说戚继光抗倭，一支队伍被困，弹尽粮绝，就在山里挖野芋艿充饥，后来全歼倭寇，这一天正是中秋节，戚继光为了纪念阵亡将士，称芋艿为"遇难"，民间就留下了中秋吃糖芋艿的风俗。此外还有的地方吃螃蟹、芋头、水鸭公、糍粑、菜饭等。

四　赏月 拜月 庆丰收——中秋习俗

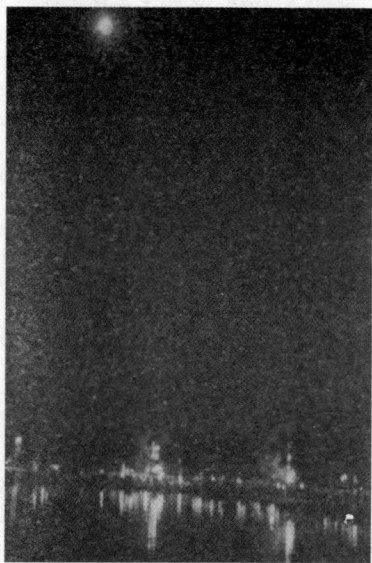
月亮成为游子寄托乡思的载体

作为中国的第二大节日，中秋节习俗众多。归结起来主要有以下几种：亲友团聚、吃月饼、拜月、赏月、庆丰收、燃灯、祈子、预测气象等。

亲友团聚：中国传统文化贵人伦、重亲情，所以中国传统节日注重家人团聚，尤以春节和中秋节更为突出。古人由月圆而盼人团圆，用"月的阴晴圆缺"来形容"人的悲欢离合"。客居他乡的游子，面对一轮满月，思乡之情油然而生，月亮也成为游子寄托乡思的载体，唐代诗人李白的"举头望明月，低头思故乡"，杜甫的"露从今夜白，月是故乡明"，宋代王安石的"春风又绿江南岸，明月何时照我还"等诗句，都是千古绝唱。

吃月饼：从历史上看，吃月饼只是众多中秋节习俗的一种，甚至在中秋节已经形成的唐宋元代，并没有专门为中秋而制的月饼。明朝之后月饼才成为中秋独特的节令食品，月饼作为祭月的供品，圆圆的外形又与天上的明月相得益彰，自然受到人们的青睐。现在，在很多地方的中秋节庆活动越来越淡化甚至消失的时候，吃月饼反而成为了中秋节最重要的事情。

祭月：古人由于不能正确地认识自

龙灯

然，所以多把自然物和自然现象视为神来崇拜。月神就是人们心中的自然神之一，民间多称月为月神、月姑、月宫娘娘、太阴月光神、嫦娥等，相对应的也有一系列的祭月活动。《燕京岁时记》中记载道："京师谓神像为神马儿，不敢斥言神也。月光马者，以纸为之，上绘太阴星君，如菩萨像，下绘月宫，及捣药之玉兔，人立而执杵。藻彩精致，金碧辉煌，市肆间多卖之者。长者七八尺，短者二三尺，顶有二旌，作红绿色，或黄色，向月而供之。焚香行礼。祭毕，与千张、元宝等一并焚之。"由此可知过去祭月，都是从南纸店买一种纸马，

烟花

月神纸马

拜月亭

即用木板印的神像，其中就包括月神，祭祀后把月神纸马烧掉，其中包括纸马上的月宫、玉兔，也有不焚烧者，把月神纸马压在小孩床下，可保佑小孩健康成长。拜月的方式有很多，或向月跪拜，或供月光神马，还有以木雕月姑为偶像者，都把神像供在月出的方向，设供案摆供品。北方多供梨、苹果、葡萄、毛豆、鸡冠花、西瓜，南方则供柚子、芋头、香蕉、柿子、菱角、花生、藕等。当月亮升起后，烧头香，妇女先拜，儿童再拜。谚语云："男不拜月，女不祭灶。"从这种意义上说，中秋节又是妇女的节日，是她们祭祀月姑的盛会。有些地方男子也拜月神，但不出面主祭。老年妇女在拜月时还念叨："八月十五月正圆，西瓜月饼敬老天，敬得老天心喜欢，一年四季保平安。"拜月后，烧月光神马，撤供，祭拜者可分食供品。当天晚上老人还给儿童讲有关月亮的故事，如嫦娥奔月、玉兔捣药、吴刚砍桂树、唐王游月宫等。

宋代、明代、清代宫廷和民间的拜月赏月活动颇具规模。我国各地至今遗存着许多"拜月坛""拜月亭""望月楼"的古迹。现在，祭月拜月活动已被规模盛大、多姿多彩的群众赏月游乐活动所替代。

赏月：赏月的风俗来源于祭月。随着

人们对自然的认识，赏月逐渐代替了祭月，严肃的祭祀变成了轻松的欢娱。民间中秋赏月活动约始于魏晋时期，但没形成风气。到了唐代，中秋赏月、玩月才开始盛行，许多诗人的名篇中都有咏月的诗句。比如欧阳詹在《长安玩月诗》序中说："八月于秋，季始孟终，十五于夜，又月之中。稽之大道，则寒暑匀，取之月数，则蟾魄圆。"宋代时，正式形成了以赏月活动为中心的中秋民俗节日。与唐人不同，宋人赏月更多的是感物伤怀，常以阴晴圆缺喻人情世态，即使中秋之夜，明月的清光也掩饰不住宋人的伤感。但对宋人来说，中秋同样也是世俗欢愉的节日，"中秋节前，诸店皆卖新酒，贵家结饰台榭，民家争占酒楼玩月，笙歌远闻千里，嬉戏连坐至晓。"（《东京梦华录》）宋代的中秋夜是不眠之夜，夜市通宵营业，玩月游人，达旦不绝。明清以来，"赏中秋"的风俗更加盛行。直至今日，每逢中秋佳节，仍盛行中秋之夜全家团聚共赏明月。

庆丰收：八月中旬正是丰收的时节，瓜果上市，新粮进仓。为庆祝丰收，感谢神灵恩赐，并祈祷来年能够风调雨顺，佳年好景，人们用新鲜的瓜果糕点来拜祭神灵是很自然的事。庆祝丰收有多种习俗，

古代祭月图

赏月 拜月 庆丰收——中秋习俗

053

小镇赏月

比如有的地方就注重在中秋节这天三餐都要丰盛，尤其是晚餐，饭后还会准备很多新鲜的瓜果，让家人尽情食用，充满了丰收后的喜悦。山东庆云农村过去过中秋节时有祭土谷的习俗，台湾省的农民也会在中秋节这天祭拜土地公，并且会在田间插上"土地公拐杖"，这种拐杖是由竹子做的，里面会夹上一些纸钱，称为"土地公金"，以此来感谢土地公的恩赐，并保佑来年也五谷丰登。阿美、鲁凯等少数民族会在中秋节及其前后几天举行丰收祭，人们聚集在一起载歌载舞，通宵玩乐庆祝丰收。

燃灯：中秋节有许多的游戏活动，燃灯便是其中流传甚久的一种。中秋是我国三大灯节之一，但是这天没有像元宵节那样的大型灯会，燃灯主要只是在家庭、儿童之间进行的。早在北宋《武林旧事》中记载中秋夜节俗，就有将"一点红"灯放入江中漂流玩耍的活动。中秋玩花灯，多流行于南方。人们制成各种各样的彩灯，有芝麻灯、蛋壳灯、刨花灯、稻草灯、鱼鳞灯、谷壳灯、瓜籽灯及鸟兽花树灯等，做工之巧令人赞叹。在广州、中国香港等地，中秋夜要进行树中秋活动，树亦作竖，即将灯彩高竖起来之意。小孩子们在家长协助下用竹纸扎成兔仔灯、杨桃灯或正方

赏月观灯

中秋有放天灯祈福的习俗

形的灯，横挂在短竿中，再竖起于高杆上，明月之下，彩光闪耀，为中秋再添一景。另外还有放天灯的，即孔明灯，用纸扎成大型的灯，灯下燃烛，热气上腾，使灯飞扬在空中，引人欢笑追逐。另外还有儿童手提的各式花灯在月下游嬉玩赏。在广西南宁一带，除了以纸竹扎各式花灯让儿童玩耍外，还有很朴素的柚子灯、南瓜灯、桔子灯。所谓柚子灯，是将柚子掏空，刻出简单图案，穿上绳子，内点蜡烛即成，光芒淡雅。南瓜灯、桔子灯也是将其瓤掏去而成。虽然朴素，但制作简易，很受欢迎，有些孩子还把柚子灯漂入池河水中做游戏。广西有简单

的户秋灯，是以六个竹篾圆圈扎成的灯，外糊白纱纸，内插蜡烛，挂于祭月桌旁祭月用，也可给孩子们玩。

祈子：在传统的农业社会里，生产力低下，维持生产必须依靠人力，当时人们极其重视子嗣，以求增加人手，因此流行各种求子风俗。在古人观念里，月亮属阴，主母性。所以民间一直有把月神当做生育神崇拜的习俗。中秋之日，正是求子的良机。《东京梦华录》卷八："八月秋社……人家妇女皆归外家，晚归，即外公、姨舅，皆以新葫芦儿、枣儿为遗。"葫芦多子，象征多子多孕，所以葫芦是求子的吉祥物。民间常常还把葫芦挂在床上，作为求子象征。更普遍的求子方法是中秋送瓜求子。在湖南的衡阳就有这种习俗：中秋这天，年长者会到有孩子人家的菜园里偷个冬瓜，然后把冬瓜穿上衣服，画上面目，敲锣打鼓送给没有小孩的已婚妇女。接瓜的人家要请送瓜者吃月饼，然后把瓜放在妇女的身边睡一宿，第二天早上煮熟吃掉，意为种瓜得瓜，种豆得豆。这种习俗在贵州、安徽等地也有流传。

预测气象："八月十五云遮月，第二年来雪打灯""云掩中秋月，雨打上元灯""八月十五雨淋淋，正月十五雪打灯。"这是民间根据中秋当天的天气

舞龙庆团圆

情况来预测来年元宵节天气的谚语，意思就是八月十五这天如果是云遮月或是阴雨天，明年正月十五往往是落雪天。这种对天气的预测在全国很多地方都有流传，但是并没有确切的科学依据。据估测可能是因为八月十五这天天气不好的话，会很扫人们过节的兴致，进而担忧来年正月十五的天气也会不好，所以才会有这种推测。

除了以上提到的中秋吃月饼，庆团圆等节俗外，各地还有自己独具特色的节日习俗。

兔儿爷

北京：兔儿爷

北京人过中秋，除了好吃的京式月饼，最有特色的就属玩兔儿爷、拜兔儿爷了。兔儿爷有泥塑、有纸绘，外形上除了有和兔子一样的长耳朵和三瓣嘴，其他地方和人没什么区别。它大眼，三角眉，染着粉红色的脸蛋，英俊中又透着机灵。兔儿爷有多种扮相，最典型的是武将扮相。身披金盔金甲、大红色的战袍、后面插一把伞盖或者两面护背旗，手里有的拿刀，有的抱杵，有的什么也不拿，身下的坐骑也是五花八门，有黑虎、白象、狮子、麒麟、骆驼、凤、鹤、鹿、马等，此身打扮的兔儿爷威风凛凛，兔嘴孩童的眉目又掩不住

兔儿爷

一脸的稚气可爱。除了武将造型，兔儿爷还有穿日常服装的生活造型、挑着扁担的市井造型，更有一种肘关节和下颌能活动的兔儿爷，俗称"吧哒嘴"，甚是讨人喜欢。它虽为拜月的供品，但实在是孩子们的绝妙玩具。

兔儿爷究竟是怎么来的呢？又为什么能够成为北京及周边地区的中秋节令物品呢？据考证，兔儿爷起源于明末，其形象来源于明代月光纸上捣药的月兔。那时中秋节人们供奉月光菩萨，玉兔只是月光菩萨身边的侍者，负责捣制仙药。民间传说有一年瘟疫泛滥，百姓痛苦不堪，玉兔不忍人们遭受如此磨难，就下凡来给百姓看病，但是因为它是兔子的模样，所以人们都很害怕它，于是玉兔想出了一个办法，它穿上了人的衣服，变成人的模样，这样人们就不再害怕它了。人们为了纪念善良的玉兔，感谢它给人们带来了健康，就依据它的形象做成兔神，并在八月十五这天祭拜它。北京人爱吃的自来红月饼和自来白月饼传说也是源于玉兔给人治病的红白药片。明人纪坤的《花王阁胜稿》中记载道："京中秋节多以泥抟兔形，衣冠踞坐如人状，儿女祀而拜之。"这时的兔神穿着人的衣服，像人一样坐着，和后来的兔儿爷还有些差距，一是还没有称为"爷"，二是这时的兔神只是被人当做神来崇拜，还不能成为孩子们的玩具。到了清代，它就成了既享香火又供玩耍的集神、人、兔为一体的泥塑了。清代潘荣陛在《帝京岁时纪胜·彩兔》中说："京师以黄沙土作白玉兔，饰以五彩妆颜，千奇百状，集聚天街月下，竞而易之。"由此可知，街市上人们争相购买各种各样五颜六色的泥兔塑像，可见兔儿爷在当时是很受欢迎的。清代蒋士铨的《京师乐府词·兔儿爷》描述得更为详细："月中不闻杵臼声，捣药使者功暂停。酬庸特许享时祭，

兔儿爷

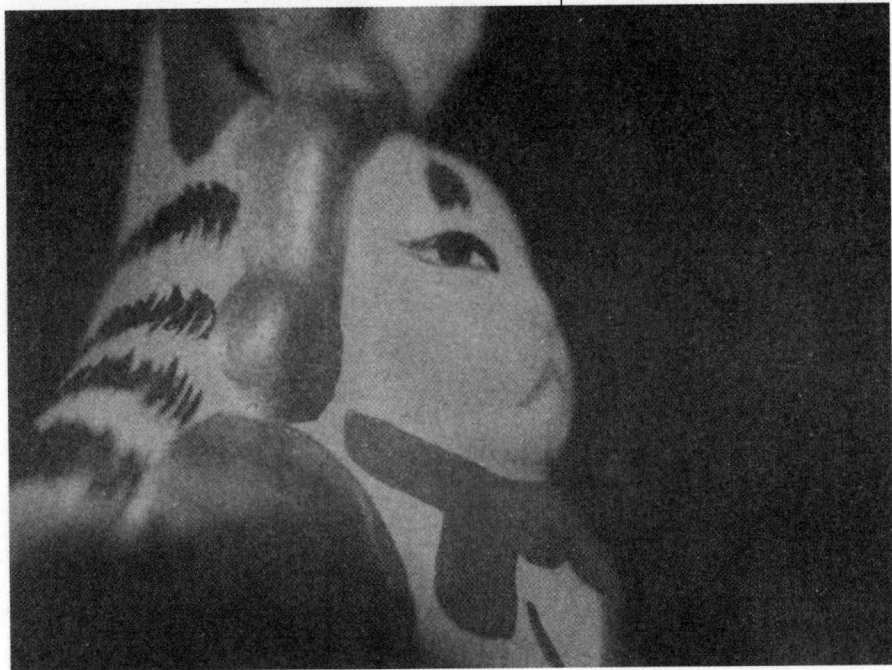

抟泥范作千万形。居然人身兔斯守，担头争买兔儿爷。长须缺口供玩弄，可惜官人无角牙。"清代富察敦崇《燕京岁时记·兔儿爷摊子》记载道："每届中秋，市人之巧者用黄土抟成蟾兔之像以出售，谓之兔儿爷。有衣冠而张盖者，有甲胄而带纛旗者，有骑虎者，有默坐者。大者三尺，小者尺余。"从这两段话中我们可以看出当时兔神已经有了明确的名字——"兔儿爷"，并且形态各异，已经与现在的兔儿爷相差无几了。

清代诗人柭翁也有一首关于兔儿爷的诗《燕台新咏》"团圆佳节庆家家，笑语

兔儿爷

古代城楼与明月

中庭荐果瓜。药窃羿妻偏称寡，金涂狡兔竟呼爷。秋风月窟营天上，凉夜蟾光映水涯。惯与儿童为戏具，印泥糊纸又抟沙。"这首诗对兔儿爷的恭敬之情比明代淡了许多，称神兔为"金涂狡兔"，并明确点明兔儿爷已经成为了孩童喜爱的玩具。

为什么北京人要把原本高高在上的兔神改称为兔儿爷呢？首先，"爷"这个字可以说聚集了地道的北京味，"爷"在北京是对男人的敬称，在社交场合称呼别人为"爷"是一种客套语，如果大家都习惯在一个称呼后面加上"爷"，则表示这个人在大家心中很有权威和地

嫦娥奔月花灯

位。把玉兔称为"爷",表示人们对其极为尊敬,但这种尊敬并不是高不可攀得让人敬而远之,而是融于人们的心里,是可亲可近惹人喜爱的,所以"兔儿爷"这个透着北京味儿的称呼表现了北京人对兔神亲近又喜爱的感情。玩兔儿爷就是这样一种既哄孩童高兴又被当作神敬的习俗,兔儿爷的销售,也在每年八月十五之前的半个月左右,过了中秋节也就下市了。所以兔儿爷是独具北京特色的中秋节令物品。

浙江书坊:洗井节

在浙江书坊一带,中秋节又叫洗井节。这一天,人们会把村里每一口井都仔细地清洗一遍,然后放入茶叶和小鱼。这个独特的风俗来源于一个传说,相传书坊最初叫做书林县,在这里有一家很有名的豆腐店,店主是一个姓邝的年轻人,人们都叫他"邝豆腐"。在豆腐店的门前有一口水井,这口井的水从来不会干枯,而且夏天冰凉,冬天温热,入口甘甜。有一天,村里来了一公一母两个蛇精,到处危害人畜,当地人没有办法,只得请了两个法力高强的法师,两个蛇精抵挡不过只得逃走,可是法师一走,它俩又偷偷地回来了。这一年的八

月十五，邝豆腐很早就起来做豆腐，他刚想开门，就听见外面有人说话，他觉得很奇怪：就从门缝向外看去，这一看吓了他一大跳，原来外面正是那两条蛇精在说话。只听公蛇精说："这些人真可恶，请了那么厉害的法师来，差点要了咱俩的命。"母蛇精回答道："是啊，我们一定想个办法报复他们，我看这口井不错，不如……"公蛇精会意地点点头，于是两条蛇精把头深深地插在水井里，许久才拿出来走开了。不一会天就亮了，村里的人纷纷来挑水，邝豆腐赶忙拿起一个大木板盖住水井，然后自己

中秋舞龙

坐在木板上，不让任何人挑水，因为他
知道那两条蛇精一定是在这口井里下了
毒想害死大家。这时来挑水的人越来越
多，他们看到邝豆腐坐在井口上，就问：
"邝豆腐，你怎么把井霸住，不让我们
挑水？"邝豆腐说："这水里有毒，今
天早上那两个蛇精在井里下了毒，你们
不能喝这井的水。"大家一听，不知是
真是假，顿时乱作一团。还有一些人七
嘴八舌地说："邝豆腐，蛇精早被法师
赶跑了，你是不是看今天过节，挑水的
人多，耽误你做豆腐，才不让我们挑水
啊？"邝豆腐一听，急得满脸通红，大
家看他这样更以为他是说假话，有的人

钱塘江大潮

拽着他的胳膊想把他拉起来，邝豆腐见大家不相信他，便站起来对大家说："大家不要吵了，你们不相信这井水有毒，那就让我先喝三口，如果没事，你们再挑吧。"说完从井里吊上一桶水，弯下身子连喝了三大口。不一会人们看见邝豆腐的脸由白转红，又由红转青，两眼翻出来，倒地没气了。邝豆腐死了，人们知道错怪了他，是他用自己的生命救了所有的人，为了纪念他，人们把豆腐店改建成一座庙，并塑了一个面色铁青，两眼突出，左手握拳，右手拿金锤，貌似邝豆腐的金像，称为"神周佛"。此后，每到夏历八月十五这天，书坊人都要把邝豆腐的神像抬出来游街，并且把书坊的每一口井上上下下都清洗干净，放入茶叶是为了解毒，放入小鱼是为了验证井水里是否被放毒。这就是中秋洗井习俗的由来。

浙江杭州：中秋观潮

"定知玉兔十分圆，已作霜风九月寒。寄语重门休上钥，夜潮留向夜中看。"这是宋代大诗人苏轼写的《八月十五日看潮》。大意是说八月十五日月亮特别圆，秋风吹来已经有九月的寒意了，请看守杭州城门的人今晚不要锁城门，好方便百姓在月色下欣赏大潮。

在浙江杭州一带，中秋节除赏月外，钱塘江观潮可谓是又一盛事。观潮的风俗由来已久，早在汉代枚乘的《七发》大赋中就有了相当详尽的记述。汉代以后，中秋观潮的风俗更加盛行。明代朱廷焕在《增补武林旧事》、宋代吴自牧在《梦粱录》中都有观潮的相关记载。由此可见在宋代，中秋观潮就已经成为杭州一带风行的风俗。钱塘江口的地形类似一个大型漏斗，每当海潮涌至，受到渐近渐狭的地形影响，波浪便重重叠叠堆积成一道水墙，声势极为壮观。由于夏季至秋季降雨大增，农历八月十五会形成每年最大的一次潮涌，可谓是观潮的最佳时期。赋林旧勃里对于钱

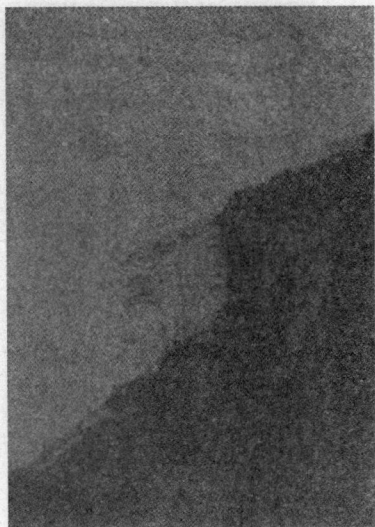

中秋观潮已经成为杭州等地的一种习俗

舞火龙

塘江潮水震撼天地的磅礴气势有如下描述："方其远出海门，仅如银线，既而渐近，则玉城雪岭，际天而来。大声如雷霆，震撼激射，吞天沃日，势极雄豪。"直至今日，钱塘观潮仍是浙江省中秋节最具特色的活动。

中国香港：舞火龙

在中国香港，中秋节最富传统特色的习俗要数舞火龙了，每年的农历八月十四至十六日晚，铜锣湾大坑地区都会举行盛大的舞火龙活动。八月十四的舞火龙称为"迎月"，所舞的龙有金龙、银龙和纱龙等多种，火龙一般全长七十多米，有三十二节龙身，龙身过去由稻草扎成，现

在改为珍珠草了，龙头用藤条编成骨架，用带锯齿的铁片做牙，手电筒为眼睛，红色的木片为舌头，龙身上插满了有吉祥之意的长寿香。夜幕之下，一条条蜿蜒起伏、绚丽喜庆的火龙伴着欢腾的音乐起舞，热闹非凡。关于中秋舞火龙还有这样一个传说：据说在很久以前，大坑地区遭遇了一场罕见的风暴袭击，风暴过后，村庄一片狼藉，正当村民们打算重建村庄之时，却不知从哪里跑来了一条凶猛的蟒蛇，四处作恶，村民们无法，就合起来商量了一个计策，趁着蟒蛇睡觉的时候，几个胆子大、枪法准的村民悄悄地来到蟒蛇的栖身之洞，拿出事先准备好的猎枪把蟒蛇杀死了。大家以为这回村庄该恢复太平了，可没想

潮汕功夫茶

到，没过多久，村里突然暴发瘟疫，村民病死很多，医生都束手无策。正当人心惶惶之时，有一天全村老小都做了一个相同的梦，梦见菩萨指点说只要在中秋节这天点燃火龙并由多人举着来回舞动，就可以消灾解难、驱除瘟疫。于是第二天全村老小聚集在一起赶做了一条长长的火龙，在中秋这天由年轻力壮的年轻人高举着绕村舞动，这一方法果然奏效，村里的瘟疫竟然止住了。人们欢呼雀跃，从此这个风俗也流传了下来。虽然这个传说多少有点迷信的色彩，但是在中秋之夜，用"龙"这个自古以来就是中国吉祥富贵的象征之物来祈求安康幸福，也表达了人们对生活的美好祝愿。如今大坑区的舞火龙活动已经发展成较大规模，除总教练、教练、总指挥及指挥、安全组等，轮番舞龙者就可达三万多人。

潮汕地区：荡秋千、游月娘

广东潮汕地区的中秋节习俗丰富多彩，这里简单的介绍两种：荡秋千和游月娘。

中秋之夜，人们会预先在空旷的草地上搭起高达两层楼的单双座秋千和十字秋千。棚顶四周拉起一道道绳子，系满五彩缤纷的绸花和彩带。在夜空的映衬之下，分外美丽。当银盘样的月亮（当地俗称"月娘"）升上中天，穿着节日盛装的少男少女便兴高采烈地来比赛荡秋千。传说月亮上吴刚砍伐桂树时会有枝叶掉落下来，荡秋千最高的人会抢先得到，谁得到了就会长生不老。按当地的风俗，荡秋千的只能是男人，女人只能在旁边加油鼓劲。于是小伙子们鼓足气力比赛谁荡得最高，但其实男人比赛荡秋千也是为了获得心仪女子的芳心。在围观者的欢声笑语中，单座和双座秋千向月娘抛出一道道如彩虹般的彩带，十字秋千箍着花环腾空飞旋。荡得最高的小伙子便是少女心目中的英雄，会格外得到姑娘们的青睐。中秋夜这轮最圆最亮的月亮就成了连接少男少女的爱情的月娘了。中秋节这天当然也不能冷落了孩童们。这天大人们都会把竹子劈成竹篾，扎成脚盆大小的骨架子，然后用毛边纸仔细地糊成一轮满月，夜幕降临之后，孩童们会在"月娘"肚子里点上蜡烛，把它扛在肩上，招呼着小伙伴一起嬉戏玩耍，远远看去就像是月娘落入了凡间，把人间的夜晚也点缀得如天空般如梦如幻。

潮汕中秋传统饼食

厦门：玩会饼博状元

厦门人过中秋节，除了赏月和吃月饼

中秋会饼游戏是为纪念郑成功收复台湾

以外，还有一种"玩会饼博状元"的民俗活动颇为有趣。会饼博状元原本是历史上用月饼博彩头的一种游戏，后来逐渐发展成程序繁复的节庆民俗活动。会饼的地点可以是公园、路边等公共场所，也可以是自己家中，会饼以"会"计算，一般一"会"以四五人为宜。

每会有六十三块月饼，根据大小用料分为六种，设状元饼（最大的）一个、对堂（榜眼）饼二个、三红（探花）饼四个、四进（进士）饼八个、二举（举人）饼十六个、一秀（秀才）饼三十二个，象征古代四级科举考试。科举考试制度确立于唐代，完善于宋代，在明清发展到极致。明清时期的科举考试分为四级，通过院试者成为秀才，乡试（省级）考中者称举人，在京师礼部会试及第者称贡生，会试发榜后不久，举行殿试，内阁大臣批阅试卷，皇帝亲自确定三甲进士榜：一甲三名，为状元、榜眼、探花，赐进士及第，二甲若干名，赐进士出身，三甲若干名，赐同进士出身。饼的种类和等级的设置就是仿照这套科举考试制度而定的。状元饼最大，直径约二十厘米，饼面印有嫦娥奔月等图案，其余的饼按等级逐渐减小，游戏时还要准备六个骰子一个瓷碗，游戏者将六个骰子掷入碗中，按规定的点数组合样式和点数多少确定获得哪种月饼。

关于会饼游戏还有这样一个传说，据说三百多年前郑成功率领军队在厦门抗击荷兰入侵者，时值中秋节，将士们思乡心切，于是一个叫洪旭的部将发明了这种用月饼博状元的游戏，使大家在中秋之夜尽情欢庆，缓解了士兵的愁绪，鼓舞了士气。之后这个风俗就一直流传了下来。随着郑成功收复台湾，中秋会饼三百多年来在台湾也很盛行。

福建：抛帕招亲

在福建省的南平、尤溪一带，有中秋

热闹的中秋

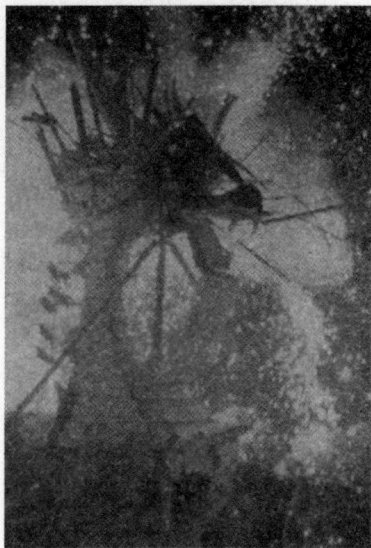

之夜抛帕招亲的习俗。中秋这天，会事先在广场上搭建一个大大的彩台，布置成月宫的样子，并没有玉兔、桂树等。夜幕降临之后，一些未出嫁的姑娘穿着古装扮成嫦娥，在台上载歌载舞，欢庆之后姑娘们会把绣着不同花色的手帕抛向周围的观众，如果观众接得的手帕与"嫦娥"手中的花色相同，即可登台领奖。如果是未婚的小伙子，他又看上了这位姑娘，就可以把手帕还给姑娘以示爱意，姑娘如果也中意他，就摘下手上的戒指送给他，此后，双方可以交友往来，情投者便喜结良缘。

精美的月饼包装

湖南瑶族：中秋修路

　　湖南城步县的八排瑶聚居地有中秋修路除草的风俗。八月十五这天，男女老少吃过早饭之后都会自发的去修路，年轻的小伙子和姑娘们拿着工具，带着午饭，翻山越岭来到与邻寨相接的路口，以此为界向着自己的寨子方向除草垫路，整修桥梁，年老体弱者和小孩子则在寨子附近修路。这一天还有个习俗，就是不能在别人家吃饭，意为保住自己修路的功德，不能流到别人家去。当地人认为中秋修路是一件积攒功德的圣事，谁修的路最多最好，就会有光明的前途。关于中秋修路有这样一个传说：相传瑶家的祖先盘瓠在一次打猎时

中秋挂灯笼

掉进荆棘丛中，被毒刺刺伤，导致中毒身亡。瑶族人为了吸取祖先的教训，就在秋后打猎繁忙季节到来之前铺修道路，为打猎创造有利条件。

湖南侗乡：偷月亮菜

湖南侗乡的中秋之夜，流行着一种有趣的"偷月亮菜"风俗。相传古时候，中秋之夜，月宫里的仙女都要下到凡界把甘露洒遍人间。人们若在这一夜品尝洒有甘露的瓜果蔬菜，就会健康幸福。侗家给这种风俗，取名为"偷月亮菜"。

中秋夜，侗家姑娘打着花伞来到心仪对象家的菜园里采摘瓜菜，她们一边摘菜一边故意高声叫喊："喂！你的瓜菜被我摘走了，你到我家去吃油茶吧！"姑娘们表面为摘菜，实则是借助这种方式向心仪的小伙子表达自己的心意。如果能摘到一个并蒂的瓜果，这表示她们能有美满的爱情。因此，成双生长的豆角便成了她们采摘的首选对象。已婚的妇女这夜也会到别家菜园里去"偷月亮菜"，她们希望能采到一个最肥的瓜或一把新鲜青翠的毛豆，因为这象征着小孩的肥壮，毛头的健康（毛豆的谐音，指小孩）。小伙子们同样也会去"偷月亮菜"，他们也希望月宫仙女赐给他们幸福的姻缘。不过，他们只能在野地里煮

湖南侗乡的中秋之夜，流行着一种有趣的"偷月亮菜"风俗

各地中秋习俗各不相同

了吃，不能带回家去。"偷月亮菜"这种有趣的风俗给侗乡的中秋之夜增添了无限欢乐。

江苏：斗香、走月

在江苏的苏州、无锡、常熟等地有中秋"斗香"的习俗，在月亮将出的时候，一些较富裕的家庭就开始在庭院之中布置斗香。斗香是将很多根细香紧紧的捆扎成一个粗粗的圆柱体，作为底盘放在地上，再扎一个稍小的圆柱放在底盘上，依次效法，越往上用细香扎的圆柱体越细，在两个圆柱相接的地方会用彩纸围住，可以起到固定的作用，彩纸上往往绘有嫦娥、月宫、桂树、玉兔等图案，整体看上去犹如一个色彩绚丽的塔，所以也叫"香塔"。香塔有高有低，最高者有二十多层，近一人高，明月当空之时，点燃香塔，层层叠叠的火光预示着红红火火节节高升，很是壮观。烧斗香在清代最为繁盛，但是这种奢侈的烧香方法也只限于富裕的家庭，穷苦人家是摆不起这么大的排场的。

苏州一带还有中秋走月的习俗，《中华全国风俗志·江苏》记载："中秋夜，妇女盛装出游，互相往还，或随喜尼庵，鸡声喔喔，犹婆娑月下，谓之走月亮。"

说的是月亮升起之后，穿着盛装打扮艳丽的妇女们相约结伴或在月下嬉戏玩耍，或互相串门闲话家常，或去闹市庙会闲逛，这样一直到夜深才返家。

江西：烧宝塔

在江西婺源地区，每逢中秋节有"烧宝塔"的传统习俗。《中华全国风俗志》卷五记：江西"中秋夜，一般孩子于野外拾瓦片，堆成一圆塔形，有多孔。黄昏时于明月下置木柴塔中烧之。俟瓦片烧红，再泼以煤油，火上加油，霎时四野火红，照耀如昼。直至夜深，无人观看，始行泼息，是名烧瓦子灯。"烧宝塔是孩童们玩的一种有趣的游戏。这一天，孩子们用砖和瓦，堆成七层宝塔，上小下大，塔中是空的，塔前挂有彩色帐幔，有的还悬挂匾额和对联或一些装饰品。塔的前面放一张小桌子，上面摆着供敬月神的果品和月饼等食品。到了夜间，孩子们欢天喜地地在塔内外点起灯烛，然后在塔前赏月、游戏，一直到夜深方散。福建晋江也有"烧塔仔"的活动。相传这种习俗与反抗元兵的起义有关。元朝确立后，对汉人进行了血腥的统治，汉人不堪忍受，于是相约中秋节起义，以宝塔的顶层点火为信号，类似于后来的烽火台点火传递信息，最后反抗虽然被镇压

粤东地区有"拜月"和"烧塔"的习俗

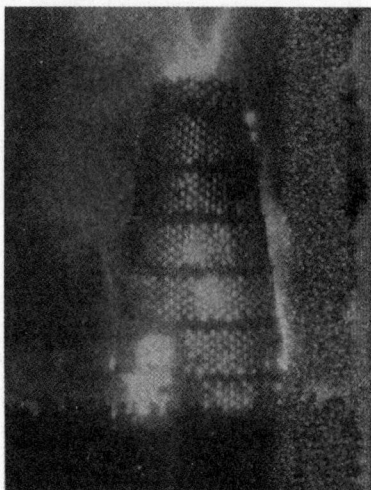

中秋炸龙

下去，却保留了烧宝塔这一习俗。这个传说可以说与中秋吃月饼的传说有异曲同工之处。

台湾省：托球舞

中秋之夜，明月朗照，台湾省的高山族同胞穿着美丽的民族服饰，聚集在"日月潭"边，玩起"托球舞"游戏。关于这个游戏的由来有这样一个传说：相传很久以前在大清溪边有一对年轻的夫妇，男的叫大尖哥，女的叫水花姐，两人靠捕鱼度日，生活平静而甜蜜。有一天，太阳和月亮不知为什么突然都不见了，天昏地暗，草木枯萎，动物哀号，人心惶惶。大尖哥和水花姐决心把太阳

舞狮

和月亮找回来。他俩找到白发老婆婆，请她指点迷津，老婆婆说太阳和月亮是被深潭里的两条龙吞食了，这两条龙一公一母，很是凶猛，只有勇气和决心超群的人才能除掉它们，大尖哥和水花姐说："我们有战胜恶龙的决心和勇气，我们愿意为了大家去除掉恶龙。"老婆婆听了就送给他俩一把金斧和一把金剪刀，并叮嘱他们一定要为民除害。大尖哥和水花姐历尽辛苦，终于用金斧砍死了深潭中吞食太阳的公龙，用金剪刀杀死了吞食月亮的母龙，然后用大棕榈树枝，把太阳和月亮托上了天空。为了防止再有恶龙出来祸害人间，他们变成了大尖和水花两座大山，日日夜夜守在潭边，这个大潭就是"日月潭"。人们为了纪念大尖和水花夫妇的献身精神，在每年的中秋都要到日月潭边来模仿他们夫妇托太阳、月亮的样子跳起托球舞，不让彩球落地，以求一年的日月昌明，风调雨顺。

其他中秋风俗：

南京人过中秋除了吃月饼外，还有一道名菜也是必吃的，这就是"桂花鸭"。"桂花鸭"在桂子飘香之时应市，肥而不腻，宴饮酒后人们习惯吃一小糖芋头，浇上桂浆，美味无比。桂浆又叫糖桂花，是在中秋前后采摘桂花用糖和酸梅腌制

中秋灯会

中秋舞龙

而成。"桂浆"这个名字源于屈原《楚辞·少司命》中的"援北方闭兮酌桂浆"。除了桂花鸭和桂浆,游玩月桥也是南京人过中秋不可缺少的一个节目。人们结伴在中秋夜登望月楼、游玩月桥,以共睹玉兔为乐。

四川人过中秋除了吃月饼外,还要吃糍粑、鸭子、麻饼、蜜饼等。有的地方也把橘子掏空,里面燃上蜡烛,挂在门口,俗称"橘灯"。孩子们提着插满香的橘子,沿街舞动,叫做"舞流星香球"。嘉定县在中秋节有"看会"的习俗,包括祭拜土地神、演杂剧、声乐等。

东莞人相信"月老为媒",所以中秋

城市上空的明月

之夜未婚男女会在月下焚香燃烛，祈求月老为其牵线找到意中人。已婚妇女也会在中秋之夜走出家门沐浴月光，希望早生贵子，圆圆的月亮有多子的象征，当地人相信沐浴月光可使妇女怀孕，称为"照月"。

江西省吉安县在中秋节的傍晚，每个村都用稻草烧瓦罐。待瓦罐烧红后，再放醋进去。这时就会有香味飘满全村。新城县过中秋时，自八月十一夜起就悬挂通草灯，直至八月十七日止。

在福建浦城，女子过中秋要穿行南浦桥，以求长寿。在建宁，人们会在家里挂上大大小小各种花式的灯笼，有向月娘祈子的含义。

山东省庆云县农家为了庆祝丰收，会在八月十五祭土谷神，称为"青苗社"。诸城、临沂和即墨等地中秋除了祭月外，也要上坟祭祖。

河北省万全县称中秋为"小元旦"，人们会在祭月的月光纸上画上太阴星君及关帝夜阅春秋像。河间县人认为中秋雨为苦雨，如果中秋节下雨，当地人会认为青菜的味道会很苦。

陕西省西乡县的男子会在中秋节的晚上泛舟，女子则在家准备丰盛的饭菜。这天不论贫富，每家都会吃西瓜，期盼着多子多福。

蒙古族人在中秋之夜爱玩"追月"的游戏。人们穿着盛装，骑着骏马，在银白色的月光下奔驰在草原上。他们向西追着月亮，直到月亮西下。

西藏一些地区的藏族同胞欢度中秋的习俗是"寻月"。这天夜晚，男女青年和孩童们沿着河流，跟着倒映在水中的明月，把周围河塘中的月影寻遍，然后回家吃月饼。

云南潞西的德昂族青年男女，每逢中秋月明高挂之时都会聚集在一起，吹着悠扬动听的葫芦笙，寻找自己的意中人，倾

用舞狮来庆祝中秋佳节

龙灯

诉爱慕之情。

广西西部壮族有中秋"祭月请神"的活动，中秋夜，人们在村头村尾露天处设一供桌，供放祭品和香炉，桌子右边竖一个高约一尺的树枝或竹枝，象征桂树，整个活动分为四部分，包括请月神下凡，由一名或两名妇女作为月神的代言人；神人对歌；月神卜卦算命；歌手唱送神咒歌，送月神回天。

农历八月十五日，是中国传统的中秋佳节。受中华文化的影响，中秋节也成为了东南亚和东北亚一些国家尤其是生活在当地的华侨华人中备受重视的节日。虽然同为中秋，但各国习俗却大相

受中国文化的影响，东南亚一些国家也过中秋节

径庭，形式不同但都寄托着人们对美好未来的期盼。

日本：在日本，中秋节被称为"十五夜"或"中秋名月"。日本人在这一天同样有赏月的习俗，在日语里称为"月见"。一千多年前，赏月的风俗从中国传到日本，当地人也开始在中秋之夜赏月、宴饮，称之为"观月宴"。但是日本人这一天并不吃月饼，而是吃江米团子，也叫"月见团子"。由于正值各种作物的收获季节，日本人也会在这天举行一些庆祝丰收的活动，表达对大自然的感谢。明治维新之后，日本废除农历改用阳历，但是各地仍保留着中秋赏月的习俗，一些寺院和神社在中秋节还要举办专门的赏月会。

越南：越南人过中秋时节日气氛浓烈，中秋前后，市场上风味各异的月饼、绚丽夺目的花灯、各种各样的儿童玩具都很热销，街道上沿街摆卖月饼的店铺披红挂绿，印着"月饼"字样的大红灯笼高高地悬挂在店前的醒目位置，满街都是喜庆的节日气氛。除了月饼这种节令食品很受欢迎外，各地也都会举办花灯节、舞狮会，中秋之夜，人们或围坐在院子里吃着月饼赏月，或到广场上看各种文艺表演，孩子们则提着各种灯笼成群结队地尽情嬉闹。

舞龙

新加坡河畔的灯会

新加坡：新加坡是一个华人占人口大多数的国家，对于传统的中秋佳节自然十分重视。此地的华人借中秋之际互赠月饼，表达问候与祝愿。新加坡是一个旅游业很发达的国家，中秋佳节更是一个吸引游客的好时机。每年中秋临近之时，当地著名的乌节路、新加坡河畔、牛车水及裕华园等地都会挂满灯笼，装饰一新。中秋之夜，明月当空，霓虹闪烁，天上美景与地上繁华遥相呼应，大街小巷都呈现着一派祥和喜庆的节日气氛。

马来西亚、菲律宾：每年的中秋节，马来西亚和菲律宾的华人都要举行隆重的庆祝活动。这一天，各地的老字号商家都

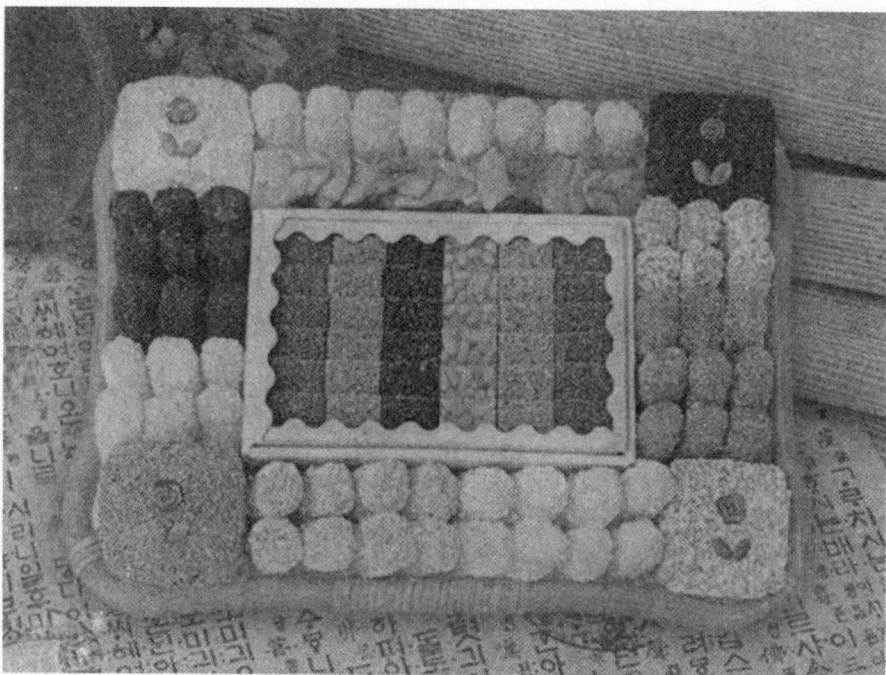

中秋节是韩国的重要节日之一

会推出各种样式各种口味的月饼，报纸、电视上的月饼广告铺天盖地，华侨华人聚居区的主要商业街道挂满了灯笼和彩幅，华人社团会举行灯笼展、舞龙舞狮、民族服装游行、载有"嫦娥""七仙女"的花车表演等活动庆祝佳节。

韩国：中秋在韩国是一个大节日，韩国人也称中秋节为"秋夕"或"感恩节"，这天，亲戚朋友之间会互赠礼品庆祝节日，人们也会趁着佳节回乡探亲，与家人团聚，韩国人在中秋节会吃松片。另外，中秋前后，各大百货公司也会推出各种促销活动，以吸引民众购物互相赠送。

五 海上生明月 天涯共此时——诗话中秋

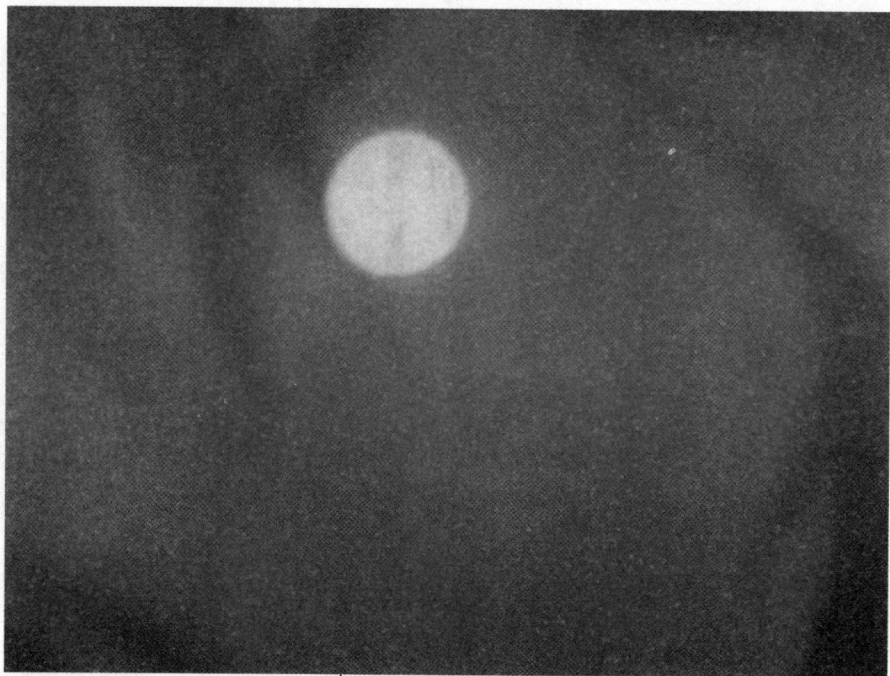

中国人对月亮有一种特殊的偏爱

有人说，我们的文学有一半是月光文学。中秋节是月亮的节日，是团圆的节日。古往今来，人们常用月亮的阴晴圆缺来象征人的悲欢离合，离家在外的游子也是托明月以寄乡思。中国人对月亮有着一种特殊的偏爱，这种偏爱逐渐积淀成了一种精神——月文化，我们不仅可以在中秋的拜月、赏月风俗中体验到月文化，更可以在古典诗词中感受到它的博大与深邃。

月下独酌

（唐）李白

花间一壶酒，独酌无相亲。

举杯邀明月，对影成三人。

月既不解饮，影徒随我身。

暂伴月将影，行乐须及春。

我歌月徘徊，我舞影零乱。

醒时同交欢，醉后各分散。

永结无情游，相期邈云汉。

李白是唐代伟大的浪漫主义诗人，他的诗雄奇奔放，想象大胆，语言自然清新。这首诗描绘出诗人在月夜花下独酌，世无知音、孤独寂寞的情境。诗人运用丰富而奇特的想象，将天上的明月、地上的身影这些无情之物加以"拟人化"，使它们都成为能够陪伴诗人的知音。但是月不解饮，影徒随身，最后诗人仍是归于孤独。当诗人醒时，它们能与之同饮，当诗人醉时，它们各自分散，只能暂时与诗人为伴。即使如此，诗人还是愿意与它们相约结伴同游仙境。全诗表现了诗人怀才不遇的寂寞与孤傲，也表现了他放浪形骸、狂傲不羁的性格特征。

大雅堂李白塑像

八月十五夜月

(唐) 杜甫

满月飞明镜，归心折大刀。

转蓬行地远，攀桂仰天高。

水路疑霜雪，林栖见羽毛。

此时瞻白兔，直欲数秋毫。

月夜忆舍弟

（唐）杜甫

戍鼓断人行，秋边一雁声。

露从今夜白，月是故乡明。

有弟皆分散，无家问死生。

寄书长不达，况乃未休兵。

杜甫作为唐代伟大的现实主义诗人，其诗以博大精深的思想，真挚深切的感情，沉郁顿挫的风格赢得了"诗史"的美誉。《八月十五夜月》是诗人在蜀中避乱时所作。诗的前两联睹月兴叹，以象征合家团圆的八月十五圆月反衬自己漂泊异乡的愁思，后两联写中秋夜色，

大诗人杜甫曾睹月兴叹，写下诗作

露从今夜白，月是故乡明

"见羽毛""数秋毫"写出了满月的明亮，立意新奇，别具一格。《月夜忆舍弟》写的是弟弟因逃避战乱而离散，音讯皆无，不知何日才能回家团聚，深深的怀念之情溢于诗中。

八月十五日夜湓亭望月

(唐) 白居易

昔年八月十五夜，曲江池畔杏园边。

今年八月十五夜，湓浦沙头水馆前。

西北望乡何处是，东南见月几回圆。

昨风一吹无人会，今夜清光似往年。

这首诗作于诗人远放江州之际，以昔年与今年的八月十五之夜不同场景之间的

嫦娥应悔偷灵药，碧海青天夜夜心

变换，从时间的转换到空间的转换，表现了物是人非的情感。昔日的乐游与今日的苦叹形成了鲜明的对照，表达了诗人谪居后内心的苦闷与抑郁。

嫦娥

（唐）李商隐

云母屏风烛影深，长河渐落晓星沉。

嫦娥应悔偷灵药，碧海青天夜夜心。

霜月

（唐）李商隐

初闻征雁已无蝉，百尺楼高水接天。

青女素娥俱耐冷，月中霜里斗婵娟。

李商隐是唐代的杰出诗人，他因受牛僧孺、李德裕党争影响，受人排挤，怀才

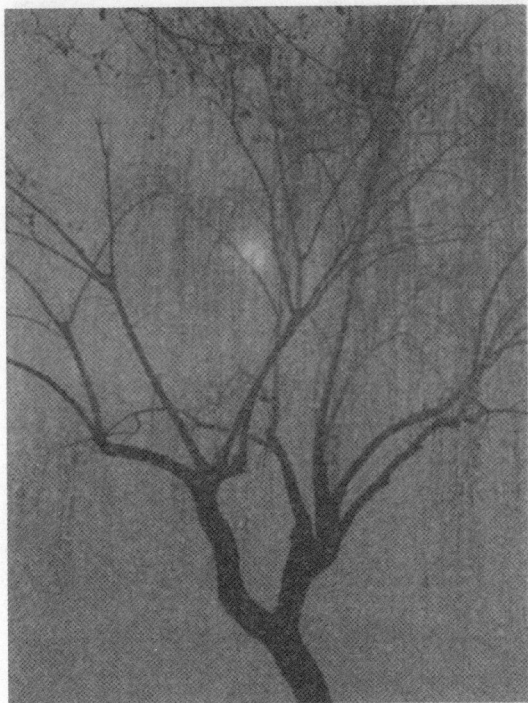

月影婆娑

中秋之夜，月圆之夜

海上生明月 天涯共此时——诗话中秋

中秋时嫦娥的扮相

不遇，潦倒终生。《嫦娥》和《霜月》是他的两首中秋咏月诗，第一首通过描写嫦娥的孤独凄苦的处境衬托了诗人的凄凉心境。第二首写青女素娥与月中婵娟在深夜比赛谁更耐冷的情景，同样表达了诗人凄苦惆怅的情怀。

望月怀远

（唐）张九龄

海上生明月，天涯共此时。

情人怨遥夜，竟夕起相思！

灭烛怜光满，披衣觉露滋。

不堪盈手赠，还寝梦佳期。

这是一首借月光表达相思的诗。"海上生明月，天涯共此时"两句抓住了明月普照天下的特点，把望月和怀远巧妙地融合在一起，意境雄浑壮阔，是千古佳句。三四句以"怨"为中心，"情人"与"相思"，"遥夜"与"竟夕"相呼应，表达了对月相思，久不能寐的情感，于是披衣而出，遥望明月，寒冷的露珠沾湿了衣衫，想念而不得见，也只有在梦中才能相会吧！全诗感情真挚，构思巧妙，描写细腻，令人回味无穷。

十五夜望月

（唐）王建

中庭地白树栖鸦，冷露无声湿桂花。

今夜月明人尽望，不知秋思落谁家。

在唐代咏中秋的诗作中，这是较为著名的一首。诗人在深夜独自遥望夜空，清冷的月光挥洒下来，阵阵寒意袭来，作者不禁联想到，遥远的广寒宫中，寒冷的露水一定也打湿了桂花树吧？诗人由家人的不得相聚想到月宫的广寒，想象丰富，意境凄美，将相思之情表达得委婉动人。

中秋见月和子由

（宋）苏轼

明月未出群山高，

瑞光千丈生白毫。

一杯未尽银阙涌，
乱云脱坏如崩涛。
谁为天公洗眸子，
应费明河千斛水。
遂令冷看世间人，
照我湛然心不起。
西南火星如弹丸，
角尾奕奕苍龙蟠。
今宵注眼看不见，
更许萤火争清寒。
何人舣舟昨古汴，
千灯夜作鱼龙变。
曲折无心逐浪花，
低昂赴节随歌板。
青荧灭没转山前，
浪飐风回岂复坚。
明月易低人易散，
归来呼酒更重看。
堂前月色愈清好，
咽咽寒螀鸣露草。
卷帘推户寂无人，
窗下咿哑唯楚老。
南都从事莫羞贫，
对月题诗有几人。
明朝人事随日出，
恍然一梦瑶台客。

苏轼坐像

苏轼留下了描写中秋景致的作品

中秋月

（宋）苏轼

暮云收尽溢清寒，银汉无声转玉盘，

此生此夜不长好，明月明年何处看。

水调歌头

（宋）苏轼

丙辰中秋，欢饮达旦。大醉，作此篇，兼怀子由。

明月几时有？把酒问青天。

不知天上宫阙，今夕是何年？

我欲乘风归去，又恐琼楼玉宇，

高处不胜寒！起舞弄清影，何似在人间！

转朱阁，低绮户，照无眠。

不应有恨，何事长向别时圆？

人有悲欢离合，月有阴晴圆缺，此事古难全。

但愿人长久，千里共婵娟。

以上两首诗和一首词都是苏轼描写中秋景致的作品，其中尤以《水调歌头》为中秋诗词中的佳作。《水调歌头》借写对弟弟的相思之情，表达了作者由超尘思想转向对人间美好生活的向往和追求。本词上片把青天当做了朋友，把酒相问"明月几时有？"这两句是改用李白的"青天有月来几时？我今停杯一问之。"此问既可以理解为作者在追问明

苏轼墨迹

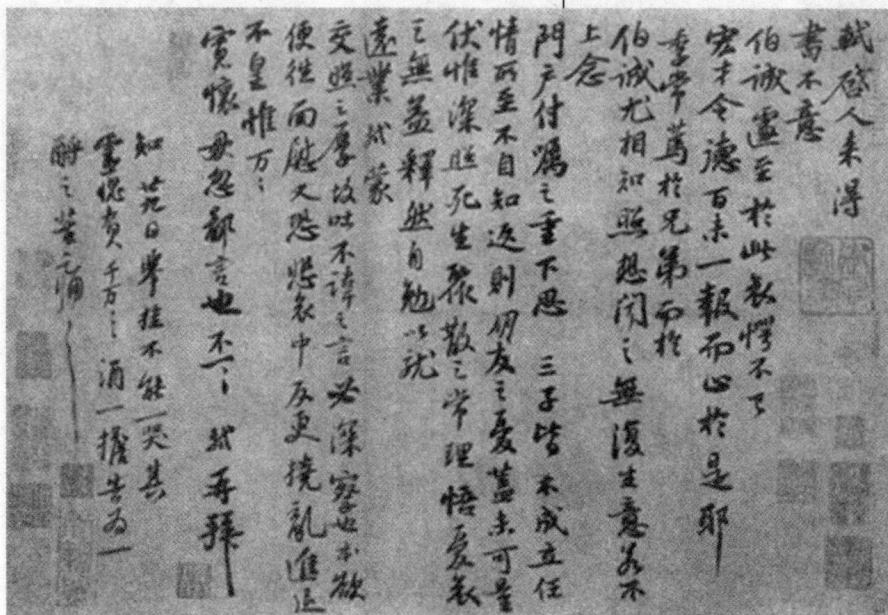

海上生明月　天涯共此时——诗话中秋

月、追问宇宙的起源，又可以理解为是在感叹造化的精妙，两种意思都表达了作者对明月的羡慕与向往。接下来作者说"不知天上宫阙，今夕是何年。"向往之情进一步加深，作者急切地想上去看一看，所以"欲乘风归去"，但是又怕天上的琼楼玉宇太高，自己禁不住寒冷。这几句明写月宫的高寒，实则暗示月光的皎洁，把自己向往上天又留恋人间的复杂心态含蓄地表达出来。李白的《月下独酌》中说"我歌月徘徊，我舞影零乱。"这里苏轼把其幻化为"起舞弄清影，何似在人间！"与其飞往高寒的天上，还不如在人间翩翩起舞。作者从对上天的向往到怕高寒的矛盾心态，再到在人间起舞的满足，行文转折跌宕，感情波澜起伏。下片由圆月联想到人间的不能团聚，月光转过朱红的楼阁，低低的穿过雕花的门窗，照着因相思而不能入睡的人。作者由此再次反问：月亮啊，你不是有什么怨恨吧，为什么偏偏在人们离别的时候你却分外圆呢？作者随即给出了自己的答案："人有悲欢离合，月有阴晴圆缺，此事古难全。"人的悲欢离合和月的阴晴圆缺都是自古就有的平常事，世间并没有那么多的十全十美，

刘禹锡塑像

作者从大自然之中得到了解脱与慰藉。作者在最后送出了自己的祝愿"但愿人长久，千里共婵娟"。此句用典，出自南朝谢庄的《月赋》："隔千里兮共明月。"虽然与亲人天各一方，但是在共沐月光之时，心灵却是相通的。

作者以丰富的想象力与虚实结合的手法，飞越时空界限，忽而人间，忽而仙界，而且借用典故和李白的浪漫主义诗句，更增加了飘飘欲仙的情韵。这首词还把情、景、理三者巧妙融合在一起，在抒情之中描绘景阐述理，启人心智。此词意境豪放阔达，情怀乐观，语言自然，《苕溪鱼隐丛话》称："中秋词自东坡《水调歌头》一出，余词尽废。"此评并不为过。

太常引

（宋）辛弃疾

一轮秋影转金波，飞镜又重磨。

把酒问姮娥：被白发、欺人奈何？

乘风好去，长空万里，直下看山河。

斫去桂婆娑。人道是，清光更多。

这是一首充满浪漫主义奇想的作品，作于淳熙元年（1174年）中秋夜。本诗开头写皎洁的月光似金波，一轮圆月如飞镜，语言清丽，充满生气。继而由明月想到嫦娥，不禁发问："被白发、欺人奈何？"

辛弃疾塑像

海上生明月 天涯共此时——诗话中秋

111

明月刺绣

李清照像

表面上是写月宫之事，实际上却是写黑暗的现实，语气中又满是痛恨与凄凉。下片诗人笔锋一转，写到"乘风好去，长空万里，直下看山河。"之前的悲愤一扫而空，壮志豪情喷薄而出，接着诗人又突发奇想，想要"斫去桂婆娑。人道是，清光更多。"砍去摇曳婆娑的桂枝，是为了使洁白的月光更多地撒向人间，按照传统意象，"桂婆娑"应是美好的象征，这里诗人却另辟蹊径要把它砍去，因为诗人把遮住月光的桂枝比喻为了献媚求荣欺上瞒下的投降派，所以才要除去桂枝。全诗有起有伏，想象丰富，充分表现了诗人的宽阔胸襟与爱国壮志。

除了以上介绍的几首歌咏中秋的名篇，还有一些写月写中秋的诗词也意境深邃，格调高远，细细品嚼，耐人寻味。

八月十五夜桃源玩月

（唐）刘禹锡

尘中见月心亦闲，

况是清秋仙府间。

凝光悠悠寒露坠，

此时立在最高山。

碧虚无云风不起，

山上长松山下水。

群动悠然一顾中，

天高地平千万里。

刘禹锡陋室

少君引我升玉坛，
礼空遥请真仙官。
云拼欲下星斗动，
天乐一声肌骨寒。
金霞昕昕渐东上，
轮欹影促犹频望。
绝景良时难再并，
他年此日应惆怅。

八月十五夜玩

（唐）刘禹锡

天将今夜月，一遍洗寰瀛。
暑退九霄净，秋澄万景清。
星辰让光彩，风露发晶英。
能变人间世，攸然是玉京。

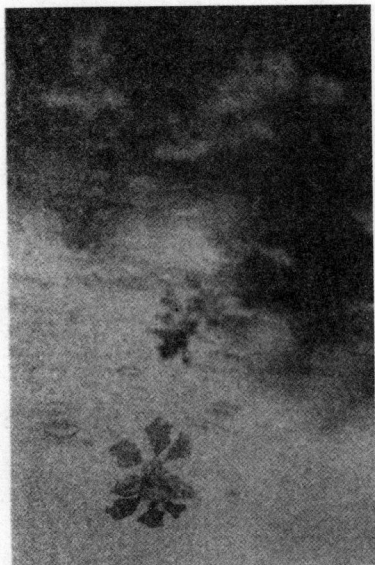

花自飘零水自流

中 秋

（唐）李朴

皓魄当空宝镜升，云间仙籁寂无声。

平分秋色一轮满，长伴云衢千里明。

狡兔空从弦外落，妖蟆休向眼前生。

灵槎拟约同携手，更待银河彻底清。

天竺寺八月十五日夜桂子

（唐）皮日休

玉颗珊珊下月轮，殿前拾得露华新。

至今不会天中事，应是嫦娥掷与人。

中秋登楼望月

（宋）米芾

目穷淮海满如银，万道虹光育蚌珍。

天上若无修月户，桂枝撑损向西轮。

中秋

（宋）戴石屏

把酒冰壶接胜游，今年喜不负中秋。

故人心似中秋月，肯为狂夫照白头。

一剪梅

（宋）李清照

红藕香残玉簟秋。轻解罗裳，独上
兰舟。云中谁寄锦书来？雁字回时，月

满西楼。花自飘零水自流。一种相思，两处闲愁。此情无计可消除，才下眉头，却上心头。

除了诗词，和中秋节有关的民谣数量也相当多，这些民谣、谚语通俗易懂，朗朗上口，在民间流传甚广。

和中秋节有关的民谣有很多

童谣

月亮光光，骑马燃香。
东也拜，西也拜。
月婆婆，月奶奶。
保佑我爹做买卖。
不赚多，不赚少，
一天赚仨大元宝。

椅仔姑

请你八月十五来坐土。
土脚起，铰莲花，绣莲子。
莲子烩，姑仔今年你几岁？
三岁三，穿白衫，滚乌边，
穿绣裙，绣荷包。
荷包腰肚围，穿色裤滚青边。
也有花，也有粉，
也有胭脂给你姑仔点口唇。
也有铰刀尺，也有花粉镜，
姑仔神那到，
棓三下水桶来显圣。

花下藕，藕丝连连

中秋拜月歌

月亮亮，吃大饼，大饼勿吃吃小饼。

小饼勿吃吃香稃，吃了饼，风调雨顺。

吃了稃，生活步步高。

拜月娥

月娥姐，月明明，月中有株婆娑树。

婆娑树上挂紫微，紫微星出保子星保

夫星。

保男保女接宗支，枝枝叶叶兴旺生

好子。

月娥出来免灾星，家中添财又添丁。

全家拜月

八月初一，太平初一，

月到中秋，全家拜月。

宝塔灯，照照天地，花下藕，

藕丝连连，红石榴，

榴开见子，团圆饼。

夫妻同偕到老，和家和睦团圆。

中秋夜

中秋夜，亮光光，家家户户赏月忙。

摆果饼，烧线香，大家一起拜月亮。

分红柿，切蛋黄，赏罢月亮入梦乡。

乘火箭，月宫逛，看看嫦娥和吴刚。

水果月饼

月饼我爱吃

月饼圆又圆，咬一口，香又甜，教我如何不想念。

盼中秋，等月圆，月饼端上我心欢。

不等爷奶慢，不管弟妹玩，我先把上一快解解馋。

啊！月饼好好吃个遍，管它肚子愿不愿。

月姐姐

月姐姐，多变化，初一二，黑麻麻，初三四，银钩样，初八九，似龙牙，十一二，半边瓜，十五银盘高高挂。

中秋月，净无瑕，圆如镜子照我家。

打麦场边屋檐下，照着地上小娃娃。

娃娃牵手同玩耍，转个圈儿眼昏花。

一不留神摔地下，连声喊痛叫妈妈。

云里月姐说他傻，引得大家笑哈哈。

月光光

月光光，照谷场，

谷场上，农人忙。

今年稻谷收成好，

家家户户乐陶陶。

清风拂面中秋夜

盼中秋，等月圆

月 饼

月饼月饼真好吃。

冬过爱吃大月饼。

中秋佳节赏月圆。

冬过自在月饼中。